Dr. Dieter Semmler

Wohnmobil-Stellplätze
POLEN NORD

Der Weg nach Ostpreußen

Hinterpommern – Danzig
Westpreußen – Ostpreußen – Masuren

3

Viele Stellplätze zum Nulltarif

Reisen mit dem Wohnmobil
Stellplätze in Gemeinden und Städten
Stellplätze in der Natur
Stellplätze am Strand, an Seen und Schwimmbädern
Farbige Stellplatzfotos
Koordinaten und Straßennamen für die Anfahrt

Wir führen Sie zu den besten und schönsten Stellplätzen für einen unbeschwerten Urlaub im Wohnmobil

Alle Plätze selbst ausgesucht, angefahren und beurteilt

Titelbild: Burg in Rutzau

1. Auflage 2010

Herausgeber: RID+Verlag, Schloßhof 2–6, 85283 Wolnzach

Recherchen: Dr. Semmler und Barbara Semmler

Fotos: Dr. Dieter Semmler und Barbara Semmler

Skizzen: Dr. Semmler

ISBN 978-3-941951-04-4

Alle Rechte vorbehalten

Alle Angaben ohne Gewähr

Alle Beiträge sind urheberrechtlich geschützt

Veröffentlichung und Vervielfältigung bedarf der

ausdrücklichen Genehmigung des Verlages

Die Darstellung der Stellplätze im Internet ist nicht erlaubt

Inhaltsverzeichnis

Seite

Wohnmobilplätze in polnischen Ferienlandschaften 8

Nullliste – Stellplätze zum Nulltarif 13

Städteliste – Stellplätze in der Nähe der Ortszentren 14

Strandliste – Stellplätze am Strand, an einem See oder am Schwimmbad . . . 15

Tour 1 **Dünen und Sand**
Hinterpommern 17

Tour 2 **Die alte Metropole der Ostsee**
Danzig und Umgebung 33

Tour 3 **Eine mächtige Burg**
Westpreußen 49

Tour 4 **Eine märchenhafte Seenlandschaft**
Masuren und Ostpreußen 61

Tour 5 **Deutschlands Nordostgrenze** 75

Stellplatzverzeichnis 86

Buchserie „Wohnmobil-Stellplätze" 90

Am Schillingsee in den Masuren

Der Fischereihafen von Heisternest

Tour 1
Hinterpommern

Tour 2
Danzig und Umgebung

Tour 3
Westpreußen

Tour 4
Ostpreußen und Masuren

Tour 5
Deutschlands Nordosten

Wohnmobilplätze

Stellplätze für Wohnmobile im Norden Polens, die zum Zeitpunkt der Drucklegung bekannt und für einen Aufenthalt geeignet waren, wurden in diesem Buch aufgenommen. Stellplätze, die den einfachsten Anforderungen nicht genügen, z.B. wegen Lärmbelästigung, zu kleiner Plätze, sehr schräger Stellflächen, fehlendem Rangierraum, schmaler Einfahrten, Belegung durch Pkw, wurden nicht in diesem Buch aufgenommen, weil solche Schlaf- und Aufenthaltsplätze den Wohnmobilurlaubern nicht zugemutet werden können.

Wir führen Sie zu den ruhigsten und schönsten Stellplätzen, zu Stellplätzen in Gemeinden und Städten, zu Stellplätzen mitten in der Natur, zu Stellplätzen am Strand. Wir führen Sie auch zu den kostenfreien Plätzen. Wir führen Sie nicht zu unzumutbaren Plätzen. Wir wollen unseren Lesern einen erholsamen Aufenthalt und einen schönen Urlaub bieten. Wir bieten bei unseren Stellplätzen Klasse statt Masse. Farbige Stellplatzfotos geben Ihnen einen Eindruck von der Anlage und der Umgebung.

Inzwischen werden auch **Stellplätze für Wohnmobile und Caravan** (Wohnwagen, Gespanne) eingerichtet. Diese Plätze sind in diesem Buch zusätzlich mit dem Caravan-Symbol gekennzeichnet.

Wir unterscheiden zwischen **Parkplatz** und **Stellplatz**. Die Parkplätze sind in den Tabellen und im Stellplatzteil mit einem gelben Balken, die Stellplätze mit einem grünen Balken versehen. Bei den Stellplätzen (grüner Balken) kann außerdem je nach Ausstattung und Aufenthaltsdauer zwischen **Übernachtungsplatz und Mobilplatz** unterschieden werden.

1. Parkplätze (gelber Balken):
Wir haben Parkplätze aufgenommen, wenn offizielle Stellplätze nicht vorhanden waren. Die Übernachtung zur Wiederherstellung der Fahrtüchtigkeit ist auf diesen Plätzen nur für eine Nacht erlaubt.

2. Stellplätze (grüner Balken und Wohnmobil-Symbol):

2.1 Übernachtungsplätze sind einfache Plätze, die für Wohnmobile zugelassen oder durch ein entsprechendes Schild für Mobile gekennzeichnet sind. Die Belegung durch Pkw und andere Fahrzeuge ist möglich. Die Aufenthaltserlaubnis beträgt meistens nur eine Nacht.

2.2 Wohnmobilplätze oder **Mobilplätze** sind nur für Wohnmobile reservierte und gekennzeichnete Plätze, entweder auf einem Teilbereich oder für den gesamten Parkplatz. Ver- und Entsorgungseinrichtungen sollen vorhanden sein. Stromanschlüsse sind wünschenswert. Die Aufenthaltserlaubnis beträgt meistens 1–3 Tage.

Diese Klassifizierung der Plätze ist eine Aussage über die Ausstattung der Plätze und über die Aufenthaltsdauer, nicht aber über die Lage des Platzes. Die Anzahl der Sterne kennzeichnet dagegen die Lage. Alle Plätze sind mit einem, zwei, drei oder vier Sternen bewertet. Die Beurteilung mit **drei Sternen** bedeutet immer eine sehr ruhige und schöne Lage, ausreichend Parkraum und eine gute Zufahrt. Bei **zwei Sternen** fehlt eines dieser Merkmale, eine ruhige Lage ist aber gewährleistet. Ist der Platz mit nur **einem Stern** eingestuft, so führt meistens eine Straße am Parkplatz vorbei. Solche Plätze sind für eine Übernachtung nur zu empfehlen, wenn sich die Insassen des Wohnmobils durch Verkehrsgeräusche nicht stören lassen. **Vier Sterne** erhält ein **Traumplatz**, ein sehr schön angelegter Stellplatz, wenn er in einer sehr ruhigen und reizvollen Umgebung liegt und ein erholsamer Aufenthalt gewährleistet ist. In diesem Buch konnten keine Plätze mit vier Sternen ausgezeichnet werden, ein Zeichen dafür, dass die Gemeinden und die privaten Anbieter in Polen den Wunsch der Wohnmobilurlauber nach einer sehr ruhigen und schönen Lage des Schlaf- und Aufenthaltplatzes noch nicht erkannt haben.

In den Tourenbeschreibungen, in den Tabellen und im Stellplatzverzeichnis (Seite 86) sind die Wohnmobilstellplätze (Übernachtungsplätze und Mobilplätze) durch Fettdruck gekennzeichnet. Im Stellplatzteil des Buches sind die Wohnmobilstellplätze nicht nur durch den grünen Balken, sondern auch durch das Wohnmobil-Symbol deutlich hervorgehoben. Die Plätze für Wohnmobil und Caravan haben zusätzlich das Caravan-Zeichen erhalten.

Oft haben Fahrer großer Wohnmobile Schwierigkeiten, Wohnmobilplätze mit schmalen Zufahrten anzufahren, durch enge Einfahrten zu gelangen, auf den Plätzen zu rangieren und zu wenden oder auf einer zu kleinen Stellfläche einzuparken. Wir haben in der Beschreibung der Plätze auf solche Schwierigkeiten durch die Vermerke **„Für große Wohnmobile nicht geeignet" (ab 8 Metern Länge)** und **„Für sehr große Wohnmobile nicht geeignet" (ab 10 Metern Länge)** hingewiesen. Auch Höhen-, Breiten- und Gewichtsbegrenzungen sind in den Beschreibungen der Plätze zu finden.

Es gibt in Polen wenig Ver- und Entsorgungsmöglichkeiten für das Wohnmobil. Ver- und Entsorgungseinrichtungen und Stromanschlüsse sind auf den meisten Plätzen nicht vorhanden. Zur Ver- und Entsorgung empfiehlt es sich, einen Campingplatz aufzusuchen. Müll kann meistens in Müllbehälter entleert werden.

Alle Stellplätze sind im Verlaufe der Routen durchgehend nummeriert und mit Beschreibung, Anfahrt und Hinweisen versehen. Den einzelnen Reiserouten ist eine Skizze vorangestellt, aus der die Lage und Nummer der Stellplätze zu erkennen ist. Der Pfeil zeigt auf den Ort des Stellplatzes.

Für die Besitzer eines **Navigationsgerätes** wurden die notwendigen Daten (Bezeichnungen, Straßennamen und/oder GPS-Koordinaten) der Stellplätze angegeben. Für einige Plätze außerhalb der Ortschaften, z. B. am Strand, gibt es keine Straßennamen. Diese Plätze können mit einem Navigationsgerät nur nach den Koordinaten erreicht werden. Die Koordinaten sind in Grad und Minuten angegeben (60 Minuten entsprechen 1 Grad). Navigationsgeräte, die nur Zehntel- und Hundertstel-Grade statt Minuten angeben und Geräte, die Grade, Minuten und Sekunden anzeigen, verlangen eine entsprechende Umrechnung (60 Sekunden entsprechen 1 Minute). Müssen Sie unsere Zehntel-Minuten in Sekunden umrechnen, so multiplizieren Sie einfach die Zehntel-Minuten mit 0,6, z.B. 8° 16,52' entsprechen 8° 16' 31,2" (52 x 0,6 = 31,2). Unsere Anfahrtbeschreibung führt Sie jedoch ohne Navigation sicher zu allen Stellplätzen.

Ein Maßstab für die Größe des **Stellplatzes** ist die Zahl der angegebenen Stellflächen. Bei diesen Angaben wird aber eine Belegung der Hälfte der Parkflächen von Übernachtungsplätzen durch Pkw angenommen, was wohl selten zutrifft. Es muss berücksichtigt werden, dass Übernachtungsplätze an Sportstätten und Schwimmbädern am Tage durch Pkw belegt sein können. In der Saison und an Wochenenden sollten solche Plätze abends angefahren werden. Leider werden auch ausgewiesene Mobilplätze manchmal durch Pkw belegt.

Die Stellplatzmöglichkeiten sind für 3, 5, 10, 20, 30, 50 und 100 Wohnmobile gestaffelt. Falls die Zahl der Wohnmobilplätze vom Eigentümer angegeben oder am Platz gekennzeichnet ist, wird die genaue Zahl der Plätze aufgeführt. Sehr große Wohnmobile sollten die Stellplätze für 3 und 5 Wohnmobile und die Plätze mit schmalen Zufahrten nicht anfahren, weil möglicherweise der Platz belegt ist und Wendemanöver nur unter Schwierigkeiten ausgeführt werden können. Für jede Route ist eine Tabelle der Stellplätze zusammengestellt worden, aus denen Sie den für Sie geeigneten Platz auswählen können. Die Tabelle gibt Auskunft über die Lage und Größe des Platzes, über die Entfernung zum Ortszentrum, über die Aufenthaltsdauer und über die nähere Umgebung, zum Beispiel über Häuser, Gaststätten, Toiletten, Strände oder Seen. Die **Preise ändern sich oft nach oben.** Es muss deshalb mit Abweichungen von den Preisen zur Zeit der Drucklegung gerechnet werden.

Legende für die Tabellen

****	sehr ruhige und sehr schöne Lage.
***	sehr ruhige und schöne Lage.
**	ruhige und gute Lage.
*	keine ruhige Lage.
A	Stellplätze gestaffelt nach 3, 5, 10, 20, 30, 50, 100 Wohnmobilen. Dabei wird bei Übernachtungsplätzen angenommen, dass nur die Hälfte des Platzes zur Verfügung steht und die andere Hälfte durch andere Fahrzeuge belegt ist.
B	Fußweg in Minuten, x bedeutet über 15 min. Fußweg.
C	Aufenthaltsdauer in Tagen.
D	Stellplatzgebühr in Euro (umgerechnet von Zloty) pro Mobil und 24 Std. oder Parkgebühr.
P	Parkgebühr in der Saison.
T	Aufenthaltsdauer einige Tage.
U	Aufenthaltsdauer unbegrenzt.
fett	Übernachtungsplatz, Wohnmobilplatz oder Wohnmobilpark.

Sobald uns **wichtige Änderungen** auf den Stellplätzen in Polen bekannt werden, veröffentlichen wir diese Änderungen **auf unserer Internet-Seite www.ridverlag.de** unter dem Schalter **News**, so dass Sie rechtzeitig Ihre Reiseplanung ändern können. Wichtige Änderungen sind z.B. neue Stellplätze, Abschrankungen, Verlegungen, Ver- und Entsorgungsanlagen. Ständige Änderungen, wie Preiserhöhungen, werden nicht veröffentlicht.

Unterwegs und doch zu Hause, an den schönsten Orten Europas, wo immer unsere Reise hingeht, wir verbringen unsere Tage im eigenen Haus, mal am Meer, mal in den Bergen, mal in einer Stadt, ganz nach Lust und Laune. Wir sammeln vielfältige Eindrücke in unterschiedlichen Regionen, ohne täglich die Koffer zu packen.

Wir wünschen unseren Lesern erlebnisreiche Tage, ruhige Nächte und einen erholsamen Urlaub in Polen, aber auch in Deutschland, Dänemark, Italien, Frankreich, Österreich, Belgien, Holland, Luxemburg, Spanien oder Griechenland. Von diesen Ländern können wir für unbeschwertes, mobiles Reisen Stellplatzführer zur Verfügung stellen.

▼ Auf der Halbinsel Hela

Übernachtungsmöglichkeiten für Wohnmobile in Polen

Der Tourismus in Polen ist im Aufbruch. Der westliche Standard der Campingplätze ist meistens noch nicht erreicht, ausgewiesene Stellplätze für Wohnmobile sind selten, Ver- und Entsorgungsmöglichkeiten und Stromanschlüsse sind auf Stellplätzen kaum vorhanden. Für die Ent- und Versorgung und zur Aufladung der Batterien sollte man einen Campingplatz aufsuchen.

Für die Nacht findet man in Polen fast immer einen Platz. Man sollte jedoch rechtzeitig einen geeigneten Platz anfahren und sich für eine Übernachtung entscheiden. Wir haben Ihnen in dieser Broschüre geeignete Plätze angeboten. Die Wegweiser sind nur mit polnischen Namen bezeichnet. Auf Landkarten finden Sie häufig neben dem polnischen auch den deutschen Namen. Wir haben Ihnen zur Erleichterung beide Namen angegeben. Falls Sie einen der im Stellplatzverzeichnis aufgeführten Plätze nicht erreichen können, haben Sie die Möglichkeit, einen Parkplatz, eine Tank- und Raststätte, einen 24 Stunden bewachten Parkplatz, ein Hotel, eine Gaststätte oder einen Bauernhof aufzusuchen und dort zu übernachten.

1. Allgemeine Parkplätze
Das Übernachten auf öffentlichen Parkplätzen zur Wiederherstellung der Fahrtüchtigkeit wird, wie in Deutschland, fast überall geduldet. Öffentliche Parkplätze sind an einigen Stränden, in einigen Orten und an Sehenswürdigkeiten zu finden.

2. Tank- und Raststellen
Die Tank- und Raststellen an den Überlandstraßen sind fast immer gut ausgebaut und haben oft großzügigen Parkraum in einiger Entfernung von der Straße. Ein Shop und eine Gaststätte sind meistens vorhanden. Ein gutes Beispiel ist der Platz an einer Tankstelle, Raststätte und Hotel zwischen Osterode und Allenstein (WP - 7, Seite 58).

3. 24 Stunden bewachte Parkplätze
In der Nähe der Ortszentren und in der Nähe der Strände in Badeorten findet man oft 24 Stunden bewachte Parkplätze. Hier ist der Aufenthalt über 24 Stunden und länger ausdrücklich erlaubt. Meistens zahlt man den Tarif für Busse, manchmal haben Wohnmobile einen eigenen Tarif. Diese Plätze liegen oft an einer verkehrsreichen Straße. Es gibt aber auch Plätze in sehr ruhiger Lage mit kurzen Wegen zum Strand oder zum Einkaufen und Besichtigen. Ein gutes Beispiel für diese Kategorie ist der Platz in Misdroy (HP - 6, Seite 25).

4. Hotels und Gaststätten
Die Parkplätze von Hotels und Gaststätten stehen in der Regel für eine Übernachtung zur Verfügung, wenn man dort einkehrt und den Besitzer um Erlaubnis bittet. Wir haben bisher in allen europäischen Ländern nach unserer Einkehr nie eine Absage für die Übernachtung bekommen. In Polen freuen sich die Gastwirte über den Besuch des Wohnmobilurlaubers.

5. Bauernhöfe
Einige Bauernhöfe nehmen ausdrücklich Wohnmobile als Gäste gegen eine Gebühr auf. Dort besteht auch häufig eine Ver- und Entsorgungsmöglichkeit und ein Stromanschluss. Auf allen Bauernhöfen bekommt man kaum eine Absage für die Übernachtung.

Wir beschreiben Ihnen in diesem Buch Routen in Polen Nord und stellen Ihnen in diesem Gebiet Stellplätze vor. In der Mitte des Landes und in Polen Süd sind bisher erst sieben Wohnmobilstellplätze vorhanden, so dass eine Routen- und Stellplatzbeschreibung zur Zeit nur in Polen Nord sinnvoll ist.

▼ Schloss in Rantzau

▼ Rapsfeld in Pommern

▲ Wohnmobil und Mondsichel – ein nachahmenswertes Zeichen

Nullliste

Ort	Bezeichnung	Seite
Altfinken	Rastplatz Orlen	58
Bad Saarow-Pieskow (D)	**Moorwiese**	**84**
Bohnsack	Strand	45
Chalupach	Plaza	39
Chalupy	Plaza	39
Darlowko	Park Wodney	30
Darlowko	Strand	30
Darlowo	Bahnhof	29
Draulitten	**Oberländer Kanal**	**57**
Drulity	**Oberländer Kanal**	**57**
Gizycko	Ortsparkplatz	69
Großendorf	Plaza	39
Heisternest	Port	40
Heisternest	Seebrücke	41
Heisternest	Strand	41
Jastarnia	Port	40
Jastarnia	Seebrücke	41
Jastarnia	Strand	41
Klucken	Freilichtmuseum	32
Klucki	Freilichtmuseum	32
Kolberg	Strand	27
Kolobrzeg	Strand	27
Krutinnen	Wasserwanderparkplatz	68
Krutyn	Wasserwanderparkplatz	68
Kußfeld	Plaza	40
Kuznica	Plaza	40
Lötzen	Ortsparkplatz	69
Lubinie	Ortsparkplatz	24
Lubin-Wapnica	Ortsparkplatz	24
Miedzyzdroje	Ortsrand	25
Misdroy	Ortsrand	25
Niedersee-Nieden	Hafen	69
Rewahl	Ortsrand	27
Rewal	Ortsrand	27
Ruciane-Nida	Hafen	69
Rügenwalde	Bahnhof	29
Rügenwaldermünde	Park Wodney	30
Rügenwaldermünde	Strand	30
Rutzau	Zamek	43
Rzucewo	Zamek	43
Sobieszewo	Strand	45
Stare Jablonki	Rastplatz Orlen	58
Stettin	**Grenzstation A6**	**23**
Swinemünde	Strand	24
Swinoujscie	Strand	24
Szczecin	**Grenzstation A6**	**23**
Templin (D)	**Natur-Therme**	**83**
Wapnica	Ortsparkplatz	24
Wicko	Schiffsanlegestelle	23
Wladyslawowo	Plaza	39

▼ An den Wanderdünen „Weiße Berge”

Städteliste

Ort	Bezeichnung	Seite
Anklam (D)	**Peene**	**78**
Danzig	Altstadt	44
Darlowo	Bahnhof	29
Elbing	Stadtparkplatz	56
Elblag	Stadtparkplatz	56
Fürstenberg (D)	**Marina**	**82**
Gdansk	Altstadt	44
Gizycko	Ortsparkplatz	69
Heiligelinde	**Busparkplatz**	**71**
Heiligelinde	Kloster	72
Kolberg	**Altstadt**	**28**
Kolobrzeg	**Altstadt**	**28**
Lötzen	Ortsparkplatz	69
Lubinie	Ortsparkplatz	24
Lubin-Wapnica	Ortsparkplatz	24
Malbork	**Marienburg**	**56**
Malbork	**Nogat**	**55**
Malbork	**Westufer**	**55**
Marienburg	**Marienburg**	**56**
Marienburg	**Nogat**	**55**
Marienburg	**Westufer**	**55**
Miedzyzdroje	Ortsrand	25
Miedzyzdroje	**Promenade**	**25**
Mikolajki	**Wohnmobilplatz**	**68**
Misdroy	Ortsrand	25
Misdroy	**Promenade**	**25**
Niedersee-Nieden	Hafen	69
Nikolaiken	**Wohnmobilplatz**	**68**
Rewahl	Ortsrand	27
Rewal	Ortsrand	27
Ruciane-Nida	Hafen	69
Rügenwalde	Bahnhof	29
Stettin	**Grenzstation A6**	**23**
Swieta Lipka	**Busparkplatz**	**71**
Swieta Lipka	Kloster	72
Szczecin	**Grenzstation A6**	**23**
Templin (D)	**Knehdener Szraße**	**82**
Treptow	**Ortsrand**	**26**
Trezesacz	**Ortsrand**	**26**
Vietzig	Schiffsanlegestelle	23
Wicko	Schiffsanlegestelle	23

▼ Die Marienburg

Strandliste

Ort	Bezeichnung	Seite
Altfinken	**Kleiner Schillingsee**	**58**
Bohnsack	Strand	45
Dabki	**Bukowa See**	**31**
Danzig	Westerplatte	45
Darlowko	Park Wodney	30
Darlowko	Strand	30
Darlowo-Kopan	**Kopan See**	**31**
Gdansk	Westerplatte	45
Großendorf	Plaza	39
Großmöllen	**Rodzinny**	**28**
Haarschen	**Wohnmobilstellplatz**	**70**
Harsz	**Wohnmobilstellplatz**	**70**
Heisternest	Port	40
Heisternest	Seebrücke	41
Heisternest	Strand	41
Jastarnia	Port	40
Jastarnia	Seebrücke	41
Jastarnia	Strand	41
Kolberg	Strand	27
Kolczewo-Swienoujscie	**Unter den Fichten**	**26**
Kolobrzeg	Strand	27
Kolzow	**Unter den Fichten**	**26**
Kußfeld	Plaza	40
Kuznica	Plaza	40
Lasse	Jamno See	29
Lazy	Jamno See	29
Miedzyzdroje	**Promenade**	**25**
Mielno	**Rodzinny**	**28**
Misdroy	**Promenade**	**25**
Mönkebude (D)	**Strand**	**78**
Neubrandenburg (D)	**Augustabad**	**80**
Neuwasser	**Bukowa See**	**31**
Priepert (D)	**Wohnmobilparl**	**81**
Reuschendorf	**Seeblick**	**67**
Rügenwalde	**Kopan See**	**31**
Rügenwaldermünde	Park Wodney	30
Rügenwaldermünde	Strand	30
Ruska Wies	**Seeblick**	**67**
Sobieszewo	Strand	45
Stare Jablonki	**Kleiner Schillingsee**	**58**
Swinemünde	Strand	24
Swinoujscie	Strand	24
Templin (D)	**Natur-Therme**	**83**
Wladyslawowo	Plaza	39

Am Strand von Misdroy

Anzeige

AS-TOUR
www.as-tour.de
KRUTYŃ 4, 11-710 PIECKI
TEL/FAX +4889 742 14 30
MOBIL +48 601 650 669
WWW.AS-TOUR.DE
TAGESFAHRTEN AUF DER KRUTTINNA
VERLEIH DER PADDELBOOTE
PADDELTOUREN IN DEN MASUREN FÜR GRUPPEN UND INDIVIDUALTOURISTEN
PERKUN
WWW.MASUREN-PERKUN.DE
KRUTYŃ 4, 11-710 PIECKI
TEL;FAX +48 897421430
MOBIL +48 601 650 669
WWW.MASUREN-PERKUN.DE
KRUTYNIA
STAKENFAHRT AUF DER KRUTTINNA NACH DER ALTMASURISCHEN ART

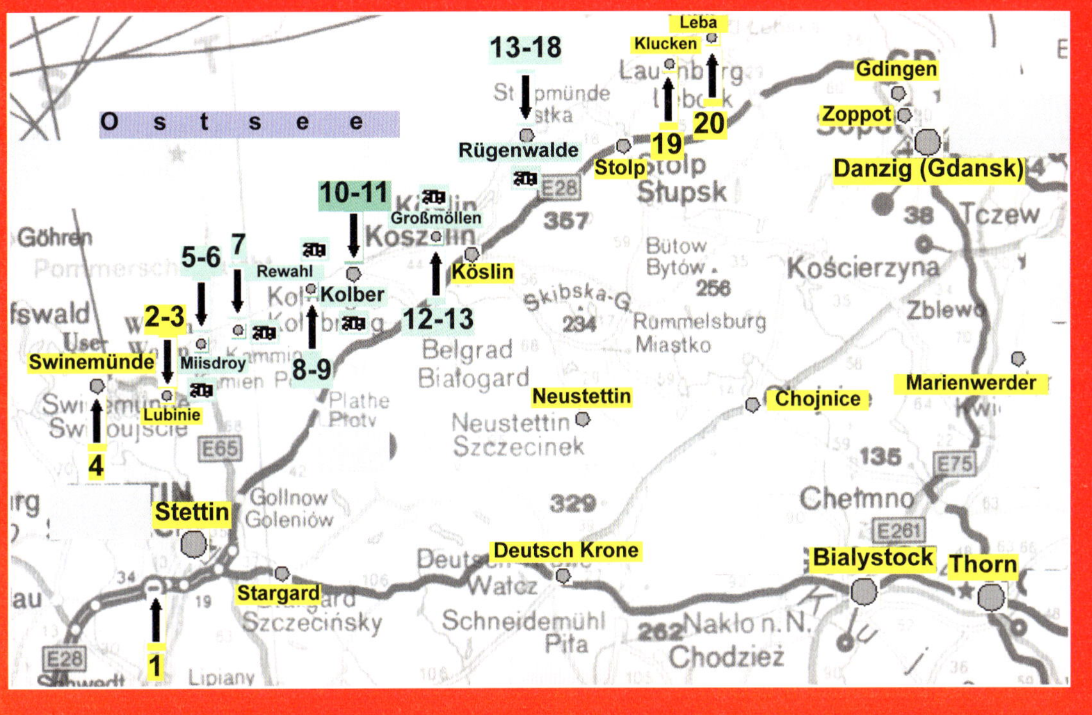

Sehenswerte Orte mit Stellplätzen

Sehenswerte Orte mit Parkplätzen

17

Tour 1

Dünen und Sand

Hinterpommern

Tour 1: In Hinterpommern

Nr.	Ort, Bezeichnung	Stellplätze A	Gasthaus	Häuser	WC	Bad See	Ortsnähe B	Entsorg.	Parkdauer C	Parkgebühr
HP - 1	Stettin, Grenzstation *	50	+	-	+	-	x	+	1	0
HP - 2	Vietzig, Schiffsanlegestelle **	10	-	-	-	-	x	-	1	0
HP - 3	Lubinie, Ortsparkplatz **	10	+	+	-	-	5	-	1	0
HP - 4	Swinemünde, Strand **	5	-	-	-	+	x	-	1	0
HP - 5	Misdroy, Ortsrand ***	20	-	+	-	-	15	-	1	0
HP - 6	**Misdroy, Promenade *** **	10	+	+	-	+	5	-	U	8
HP - 7	**Kolzow, Unter den Fichten ** **	20	-	+	+	+	x	+	U	10
HP - 8	**Treptow, Ortsrand * **	5	+	+	-	-	10	-	T	P
HP - 9	Rewahl, Ortsrand ***	10	+	+	+	-	5	-	1	0
HP - 10	Kolberg, Strand **	20	+	+	-	+	x	-	1	0
HP - 11	**Kolberg, Altstadt * **	10	+	+	-	-	5	-	U	5
HP - 12	**Großmöllen, Rodzinny *** **	30	+	+	+	-	x	+	U	10
HP - 13	Lasse, Jamno See **	20	-	-	-	+	x	-	1	P
HP - 14	Rügenwalde, Bahnhof **	20	-	+	-	-	10	-	1	0
HP - 15	Rügenwaldermünde, Wodney *	10	-	-	-	+	x	-	1	0
HP - 16	Rügenwaldermünde, Strand **	20	-	-	-	+	x	-	1	0
HP - 17	**Neuwasser, Bukowa See ** **	20	+	+	-	+	x	-	U	9
HP - 18	**Rügenwalde-Kopan, Kopan See ** **	10	-	+	-	+	x	+	U	10
HP - 19	Klucken, Freilichtmuseum **	5	-	+	-	-	x	-	1	0
HP - 20	Leba, Nationalpark ***	20	-	-	-	-	x	-	1	1

Legende

****	sehr ruhige und sehr schöne Lage.
***	sehr ruhige und schöne Lage.
**	ruhige und gute Lage.
*	keine ruhige Lage.
A	Stellplätze gestaffelt nach 3, 5, 10, 20, 30, 50 Wohnmobilen. Dabei wird angenommen, dass nur die Hälfte des Platzes zur Verfügung steht und die andere Hälfte durch PKW belegt ist.
B	Fußweg in Minuten, x über 15 min Fußweg.
C	Aufenthaltsdauer in Tagen.
D	Stellplatzgebühr in Euro (von Zloty umgerechnet) pro Mobil und 24 Stunden oder Parkgebühr.
P	Parkgebühr in der Saison.
T	Aufenthaltsdauer einige Tage.
U	Aufenthaltsdauer unbegrenzt.

Parkplatz — Wohnmobil-Stellplatz

▼ Am Strand von Kolberg

Dünen und Sand

Hinterpommern

Tour 1

Bevor man nach Polen über Stettin oder Swinemünde fährt, kann man einen der Wohnmobilplätze vor der nördlichen Ostgrenz Deutschlands zur Übernachtung aufsuchen (siehe Seite 76). Wir wählen den kürzesten Weg über die Autobahnen A11 (Deutschland) und A6 (Polen). Am Grenzübergang auf der polnischen Seite kann der sehr große Parkplatz auch für die Übernachtung genutzt werden, weil die Autobahn wenig befahren und weit genug von den Stellplätzen entfernt ist (HP - 1).

Die Landschaft in Hinterpommern wird geprägt durch weite Sandstrände, hohe Wanderdünen, küstennahe Seen, Haff und Nehrung. Die Metropole von Hinterpommern (Pomorze Zachodnie) ist Stettin (Szczecin), früher Mitglied der Hanse und heute noch eine wichtige Handelsstadt an der Ostsee. 60 km von der Ostsee durch das Stettiner Haff getrennt, wird die Stadt durch die vielverzweigte Oder, ihre Häfen und Werften gestaltet. Ein Viertel des Stadtgebietes besteht aus Wasser, Flüssen, Kanälen und Seen.

In Stettin stellen wir unser Mobil auf dem bewachten Großparkplatz für Busse und Pkw unter der Schnellstraßenbrücke nach der Oderüberquerung ab. Die Autobahn verlassen wir an der Ausfahrt Stettin-Zentrum, fahren über die Oder und biegen gleich danach zu dem Parkplatz ab. Eine Übernachtung ist hier am Verkehrsknotenpunkt natürlich nicht möglich. Die großartigen Sehenswürdigkeiten Stettins erreichen wir aber in wenigen Minuten.

Wir besichtigen zunächst das Schloss der Herzöge von Pommern (Zamek Ksiazat Pomorskich), 1575 im Stil der Renaissance erbaut, im Zweiten Weltkrieg völlig zerstört, wiedererrichtet 1980. Weitere Sehenswürdigkeiten sind das Alte Rathaus (Stary Ratusz) aus dem 15. Jahrhundert am Heumarkt mit einem hohen gotischen Giebel an der Südfassade und einer barocken Nordfassade, die Jakobs-Kathedrale (Bazilika Archikatedralna Sw. Jakuba) und der Sitz der Woiwodschaft im Neorenaissance-Stil mit zwei hohen Türmen. Wir besuchen auch die beiden bedeutenden Museen, das Museum für polnische Kunst und das Seefahrtsmuseum (Muzeum Morskie), zu dem Terrassen von der Oder empor führen. Von den Hafenanlagen (Zarzad Portu) starten wir zu einer Rundfahrt durch das Gewirr der Kaianlagen, Landungsbrücken, Motorboote, Barkassen, Frachtschiffe und Werftanlagen.

Wir lenken unser Fahrzeug nach Norden Richtung Wollin und Swinemünde und bleiben über Nacht auf den Parkplatz in Lubinie (HP - 2 und HP - 3). An einem breiten Mündungsarm der Oder, einem See gleich, mitten in einem riesigen Wandergebiet, liegt ein großes weißes Passagierschiff im glitzernden Sonnenlicht und spiegelt sich im Wasser. Eine Rundfahrt über das Stettiner Haff von der Schiffsanlegestelle ist ein eindrucksvolles Erlebnis.

Das Ostseebad Swinemünde liegt teils auf Usedom, teils auf Wollin, getrennt durch einen Mündungsarm der Oder. Bei Swinemünde fließt die Oder endgültig in die Ostsee. Feiner, gelber Sand säumt das deutsche und polnische Ostseeufer der beiden Inseln. Swinemünde ist auch heute ein bedeutender Badeort mit attraktivem Kurviertel, großem Kurpark, einer langen Strandpromenade und einer weit ins Meer reichenden Seebrücke. Das Wahrzeichen der Stadt ist der weiße Mühlenleuchtturm mit kleinen Windrädern am Ende der Mole. Zum Schutz des Hafen wurden zwei Festungen gebaut, im Osten das Fort Gerhard auf Wollin und im Westen die Engelsburg auf Usedom. Von dem 68 Meter hohen Leuchtturm am Fort Gerhard hat man einen phantastischen Blick über das Meer, die Inseln und das Hinterland. Auf dem Grenzmarkt in der Nähe der deutschen Grenze kann man alle Arten von Waren und Gebrauchsgegenständen preisgünstig erwerben.

Wir folgen dem Wegweiser Laterna Morska und landen in einer besonders schönen Landschaft in sehr einsamer Lage an dem breiten, fast unberührten Sandstrand an der Ostsee, ein Paradies für alle Naturfreunde (HP - 4). Im Sommer werden die Parkplätze aber wohl tagsüber von den Einwohner der Stadt belegt sein.

Das Seebad Misdroy (Miedzyzdroje) im Osten von Wollin lockt mit weißen Stränden, einer eleganten Seebrücke, Villen im Jugendstil, engen Gassen und einer breiten Strandpromenade. Im Naturkundemuseum informieren wir uns über die Tier- und Pflanzenwelt auf den Inseln Wollin und Usedom. Mehrere Parkplätze stehen für die Übernachtung in Misdroy zur Verfügung (HP - 5). Wir genießen noch einen schönen Urlaubstag in Misdroy, an dem breitem, feinen, weißen Sandstrand. Unser Rast- und Schlafplatz liegt direkt an der Promenade, auf der lebhafter Spaziergängerbetrieb herrscht (**HP - 6**). Drei- und Vier-Sterne-Hotels, Jugendstilvillen, Kioske, gepflegte Parkanlagen wechseln einander ab. Von der langen Fußgängermole überblicken wir den Strand mit seinen einladenden Sommerrestaurants rechts und links.

Anschließend wandern wir durch den Wolliner Nationalpark (Wolinski Park Narodowy) zwischen Ostsee und Haff und bewundern die urtümlichen Kolosse im Wisentreservat, die in früheren Zeiten die Wälder der Inseln beherrschten. Die Parkplätze an den Parkeingängen liegen unmittelbar an der Straße und sind für die Übernachtung nicht geeignet.

Am Camminer Bodden besuchen wir die alte Bischofs- und Residenzstadt Cammin. Nachdem die Herzöge ihre Residenz nach Stettin verlegten, verfiel der Ort zur Bedeutungslosigkeit und wurde Fischereihafen. Außergewöhnlich ist die romanisch-gotische Kathedrale aus der Zeit der Bischöfe und Herzöge. Die Prunkstücke der Ausstattung im Inneren sind das spätgotische Tryptichon, eine erstaunliche Arbeit der Holzschnitzkunst, die Gemälde von Lucas Cranach dem Älteren, die barocke Kanzel mit den filigranen, aus Holz geschnitzten Figuren auf dem Dach und die riesige Orgel an der Empore.

Ein Platz für ein paar Urlaubstage bietet der Ferien-Bauernhof in Kolzow (**HP - 7**). Einen Park- und Übernachtungsplatz finden wir in Treptow (**HP - 8**) und in Rewahl kann das Mobil auf dem Parkplatz am Ortsrand abgestellt werden und die Geschäfte, Gaststätten und der Strand sind in wenigen Minuten zu erreichen (HP - 9).

Eine Perle der Ostseebäder ist Kolberg (Kolobrzeg). Wir finden wieder einen der praktischen, bewachten „24-Stunden-Parkplätze" (**HP - 11**) und sind in fünf Minuten vorbei am neugotischen Backsteinrathaus (Ratusz) mit einer Zinnenkrone, nach Plänen von Schinkel errichtet, in der liebevoll im alten Stil wieder errichteten kleinen, gepflegten Altstadt mit historischen Häusern. Die Wege sind kurz zur dreischiffigen, riesigen, 74 Meter hohen Basilika Marienkirche (Bazilika Wniebowziecia) aus dem 14. Jahrhundert, die nach der fast vollständigen Zerstörung im Zweiten Weltkrieg seit dem Jahr 2000 wieder besucht und bewundert werden kann, mit dem Taufbecken und Reliefs aus Bronze. Die roten Backsteine sind nicht nur außen, sondern auch an den Säulen der Seitenschiffe im Inneren verbaut worden. Auf der Insel Wyspa zeigt das Freilichtmuseum Skansen einen Überblick und Exponate zur Salzproduktion im Mittelalter, früher der Reichtum der Hansestadt.

▼ Das Rathaus in Kolberg

Wir suchen ein Restaurant und geraten zufällig in das „Domek Kata“. Ein prachtvolles Ambiente lässt uns staunen. Bei zivilen Preisen und sehr freundlicher Bedienung nehmen wir wie in einem Fürstenhaus unsere Mahlzeit ein. Da auch unser Mobil wieder mal ver- und entsorgt werden muss, nehmen wir Quartier auf dem schönen Kolberger Campingplatz Baltic mit Extra-Stellflächen für Wohnmobile. Bei einer Radtour am Abend im Kurgebiet am Meer genießen auch wir das Mikroklima, das die Erholung der hier wohnenden Kurgäste fördern und das Immunsystem stärken soll. Wir radeln zwischen Kurhäusern, Park und Meer auf markiertem Radweg bis zur Hafeneinfahrt mit seinem markanten, wuchtigen Leuchtturm. Von der Plattform haben wir einen Panoramablick über das Meer, den Hafen und die Küste. Nachbauten von mittelalterlichen Schiffen warten hier auf Passagiere für Ausflugsfahrten über die Ostsee. Überall herrscht schon jetzt im Mai reges Treiben. Zum Strand fahren wir auf den Parkplatz in der Nähe der Strandpromenade (HP - 10).

Für die Fahrt entlang der Küste können wir den Stellplatz für Wohnmobil und Caravan in Großmöllen (**HP - 12**) und im Sommer den Parkplatz auf der Jamunder Nehrung (HP - 13) empfehlen.

Vorzüglich erhalten ist die historische Altstadt von Rügenwalde (Darlowo), uns bisher bekannt durch die Rügenwalder Wurst, die hier erfunden wurde. Die Straßen und Gassen sind im rechten Winkel um den Marktplatz angeordnet, der von der Marienkirche und ihrem wuchtigen Turm beherrscht wird. Sehenswert sind auch das Rathaus (Ratusz) und das Schloss der Herzöge von Pommern (Zamek Ksiazat Pomorskich) aus dem 14. Jahrhundert. Hier lebte und starb der „letzte Wickinger der Ostsee", Erich von Pommern. Nachdem er von den Dänen, Schweden und Norwegern als König entthront worden war, kaperte er ab der Mitte des 15. Jahrhunderts Schiffe. Begraben ist er in der Marienkirche.

Für die Besichtigung, für den Einkauf und auch für die Übernachtung empfiehlt sich der große Parkplatz am Bahnhof (HP - 14). In Rügenwaldermünde besteht die Möglichkeit an der Therme Park Wodney den Parkplatz für einen Aufenthalt und einen Thermenbesuch zu benutzen (HP - 15). Wir stellen unser rollendes Ferienhaus auf dem wilden, holprigen Parkgelände am Strand ab (HP - 16), wandern am Küstensaum entlang, besteigen in der Abenddämmerung die Dünen und genießen die Abendstimmung in der Einsamkeit.

Eine phantastische Dünenlandschaft, der Slowinzische Nationalpark, benannt nach dem hier siedelnden Slawenvolk der Slowinzen, erstreckt sich entlang der Küste bei Leba. Auf der schmalen Nehrung bestimmen 50 Meter hohe Wanderdünen aus gelbweißem Sand das Landschaftsbild, dahinter bilden Binnenseen, abgetrennte Meeresbuchten, Sümpfe und Moore den Küstensaum. Viele vom Aussterben bedrohte Pflanzenarten wachsen in dem Nationalpark, seltene Vögel und Säugetiere, wie Wiesel, Hermelin, Biber und Otter bevölkern das Gebiet.

▲ Auf der Fahrt zu den „Weißen Bergen“

Vom Parkplatz Rabka kann man zu Fuß, mit dem Rad, auf einer Kutsche oder mit der Elektrobahn die Landschaft erkunden. Wir wählen die Elektrobahn und durchstreifen die Dünen anschließend zu Fuß. Im Slovinski Park bei Leba fahren wir 5,6 Kilometer vom Dorf Rabka mit Elektrowagen durch Kiefernwälder bis zum Fuß der hohen weißen Dünen. Es ist ein mühevoller Aufstieg bei Nieselregen. Das nasse Wetter hindert uns an einer Wanderung auf den Dünen, der nasse weiße Sand drückt in unseren Schuhen. Bei Sonnenschein hätten wir sicher noch weiter aufs Meer hinaus schauen können. Aus dem weißen Dünensand ragen abgestorbene Bäume gespenstisch heraus. Jahr für Jahr wandern diese Dünen weiter, decken neue Bäume, ja sogar Häuser zu und lassen auf der anderen Seite früher Zugewehtes wieder frei. Die Dünen wandern bis zu zehn Meter im Jahr, Richtung, Höhe und Entfernung bestimmen die Winde. Der Slowinski Park, benannt nach den früher hier siedelnden Slowinzen, eine slawisch-kaschubische Volksgruppe, hält noch andere Überraschungen bei einem Stopp unseres Elektromobils im Kiefernwald bereit. Im Freiluftmuseum Skansen sind Reste von Bunkern, Abschussrampen und Beobachtungsplattformen erhalten. Hier führte die deutsche Rüstungsindustrie im Zweiten Weltkrieg Raketentests durch. Das Parkmuseum in Smoldzino zeigt Wissenswertes über die Ereignisse und Veränderungen in der Landschaft und die Flora und Fauna im Park.

Über das Leben und die Kultur der Slowinzen informiert das Freilichtmuseum Slowinzisches Dorf (Wsi Slowinskiej w Kluckach) mit Bauernhöfen, Scheunen, Viehställen, Fischerhütten, Booten, Fuhrwerken, Arbeitsgeräten und Werkzeugen. Der Parkplatz am Freilichmuseum eignet sich für eine Übernachtung (HP - 19). Wir wählen aber lieber den großzügigen, ruhigen und schön gelegenen Parkplatz in Leba für unseren letzten Aufenthalt an der Küste von Hinterpommern (HP - 20).

▼ Die Wanderdünen bei Leba

70-950 Stettin (Szczecin) Grenzstation A6 **  HP - 1

Übernachtungsplatz an der Grenzstation der A11/A6 (Polen) in ruhiger Lage.

Von der A11 (Berlin-Stettin) Richtung Stettin (Szczecin) fahren. Auf der polnischen Seite der Autobahn zum Parkplatz abbiegen. Koordinaten: 53° 20,17' Nord, 14° 25,30' Ost.

Gaststätte und Verkaufsshop am Platz.
Tankstellen am Platz.
Geldtausch möglich.
Frischwasser und Müllbehälter am Stellplatz.
Ver- und Entsorgung an der Tankstelle
Abfahrt Kolbaskowo zur 13.1 km Richtung Stettin.
53° 20,44' Nord, 14° 26,61' Ost.
Keine Parkgebühr. Ganzjährig zugänglich.
Ebene, gepflasterte Stellflächen für 50 Wohnmobile.
Besichtigung von Stettin: Schloss, Altes Rathaus, Woiwodschaft, St.Jakobs-Kathedrale, Haken-Terrassen, Nationalmuseum, Seefahrtsmuseum, Hafenanlagen.
Fahrt nach Swinemünde.
Informationen: Tel. 04 89 16 30.
Internet: www.zamk.szczecin.pl.

72-500 Vietzig (Wicko) Schiffsanlegestelle ** HP - 2

Zwei Parkplätze an einer Anlegestelle am Stettiner Haff in ruhiger und schöner Lage.

Von der 3 (Stettin-Swinemünde) an der Einmündung der 102 links Richtung Lubin abbiegen. Nach 1,5 km - 800 m nach dem Ortsanfang Zalesio Wicko – rechts zu den Parkplätzen abbiegen.
Koordinaten: 53° 54,04' Nord, 14° 26,25' Ost.

Etwas einsame Lage.
Schranke vor den Plätzen. Von Hand zu öffnen.
Blick auf das Stettiner Haff. Schiffsanlegestelle am Platz.
Rundfahrten über das Stettiner Haff.
Ebene, befestigte Stellflächen für je 10 Wohnmobile.
Ganzjährig zugänglich. Keine Parkgebühr.
Besichtigung der Bunkeranlage am Platz.
Wandern und Radtouren auf Wollin.
Besichtigung von Swinemünde: Hafen, Laterna Morska, Kurviertel, Strandpromenade, Leuchtturm, Engelsburg, Fort Gerhard, Museum für Hochseefischerei.
Besuch des Wolinski Park Narodowy mit Wisenten.
Parkplätze an den Eingängen zum Park nur Straßenschleifen.
Für die Übernachtung nicht geeignet.
Besichtigung von Stettin: Schloss, Altes Rathaus, Woiwodschaft, St.Jakobs-Kathedrale, Haken-Terrassen, Nationalmuseum, Seefahrtsmuseum, Hafenanlagen.

72-500 Lubinie (Lubin-Wapnica) Ortsparkplatz ** HP - 3

Parkplatz im Ort in ruhiger und schöner Lage.

Von der 3 (Stettin-Swinemünde) an der Einmündung der 102 links Richtung Lubin abbiegen. Nach 3,8 km – 100 m nach dem Ortsanfang links abbiegen. Noch 500 m bis zum Platz rechts.
Koordinaten: 53° 52,76' Nord, 14° 26,44' Ost.

Gaststätte und Häuser am Platz.
Getrennte Müllentsorgung am Platz.
Ganzjährig zugänglich.
Aufenthaltsdauer 24 Stunden.
Leicht schräge, asphaltierte Stellflächen für 10 Wohnmobile.
Keine Parkgebühr.
5 min. Fußweg zur Ortsmitte.
Wandern und Radtouren auf Wollin.
Besichtigung von Swinemünde: Hafen, Laterna Morska, Kurviertel, Strandpromenade, Leuchtturm, Engelsbug, Fort Gerhard, Museum für Hochseefischerei.
Besuch des Wolinski Park Narodowy mit Wisenten.
Parkplätze an den Eingängen zum Park nur Straßenschleifen. Für die Übernachtung nicht geeignet.
Besichtigung von Stettin: Schloss, Altes Rathaus, Woiwodschaft, St.Jakobs-Kathedrale, Haken-Terrassen, Nationalmuseum, Seefahrtsmuseum, Hafenanlagen.

▼ An der Schiffsanlegestelle

72-600 Swinemünde (Swinoujscie) Strand ** HP - 4

Parkplatz am Strand in sehr ruhiger und sehr schöner Lage.

Von der 3 vor Swinemünde rechts dem braunen Wegweiser Laterna Morska folgen und über die Schiene fahren. Nach 1,7 km links Richtung plaza abbiegen und über die Schiene fahren. Noch 2 km bis zu den Parkplätzen nach einer Straßenwende. Koordinaten: 53° 54,00' Nord, 14° 17,91' Ost.

Sehr einsame Lage.
Kilometerlanger, breiter Sandstrand am Platz.
Ganzjährig zugänglich.
Aufenthaltsdauer 24 Stunden.
Ebene Stellflächen auf Betonplatten für 5 Wohnmobile.
Keine Parkgebühr.
Wandern und Radtouren auf Wollin.
Besichtigung von Swinemünde: Hafen, Laterna Morska, Kurviertel, Strandpromenade, Leuchtturm, Engelsbug, Fort Gerhard, Museum für Hochseefischerei.
Besichtigung von Stettin: Schloss, Altes Rathaus, Woiwodschaft, St.Jakobs-Kathedrale, Haken-Terrassen, Nationalmuseum, Seefahrtsmuseum, Hafenanlagen.
Besuch des Wolinski Park Narodowy mit Wisenten.
Parkplätze an den Eingängen zum Park nur Straßenschleifen. Für die Übernachtung nicht geeignet.
Fahrt nach Cammin und Stolberg.
Ausflug nach Usedom (Deutschland).

72-500 Misdroy (Miedzyzdroje) Ortsrand *** HP - 5

Parkplatz am Ortsrand in sehr ruhiger und guter Lage.

Bei Anfahrt aus dem Osten von der Fernstraße 102 (Swinemünde-Kolberg) 1,6 km nach dem Ortsanfang rechts dem P-Schild folgen. Noch 200 m bis zum Platz rechts. Koordinaten: 53° 55,51' Nord, 14° 26,81' Ost.

Häuser am Platz. Müllbehälter am Platz.
Ganzjährig zugänglich.
Aufenthaltsdauer 24 Stunden.
Ebene Stellflächen auf Betonplatten
mit Bäumen am Rand für 20 Wohnmobile.
Keine Stellplatzgebühr.
15 min. Fußweg zur Ortsmitte.
15 min. Fußweg zum Sandstrand.
Mehrere 24 Stunden bewachte Plätze im Ort.
Für Übernachtung teilweise geeignet.
Besuch des Wolinski Park Narodowy mit Wisenten.
Parkplätze an den Eingängen zum Park
nur Straßenschleifen.
Für die Übernachtung nicht geeignet.
Ausflug nach Swinemünde. Ausflug nach Kolberg.
Besichtigung von Stettin: Schloss, Altes Rathaus,
Woiwodschaft, St.Jakobs-Kathedrale, Haken-Terrassen,
Nationalmuseum, Seefahrtsmuseum, Hafenanlagen.

72-500 Misdroy (Miedzyzdroje) Promenade ***  HP - 6

Bewachter **Park- und Übernachtungsplatz** an der Strandpromenade in sehr ruhiger und guter Lage.

Bei Anfahrt aus dem Osten von der Fernstraße 102 (Swinemünde-Kolberg) 300 m nach dem Ortsanfang rechts dem P-Promenade-Schild folgen. Nach 300 m links in die Einbahnstraße fahren. Noch 300 m bis zum Platz Parking Strzezony rechts. Bei Anfahrt aus dem Westen 3 km nach dem Ortsanfang links dem Wegweiser P-Promenade folgen. Dann wie oben. Koordinaten: 53° 56,02' Nord, 14° 27,14' Ost.

Gaststätten in der Nähe. Häuser am Platz. Müllbehälter am Platz.
24 Stunden beachter Parkplatz, auch für Busse und Pkw.
Ganzjährig zugänglich. Aufenthaltsdauer nicht begrenzt.
Ebene, befestigte und asphaltierte Stellflächen
mit Bäumen in der Mitte für 10 Wohnmobile.
Stellplatzgebühr: 3 Zl. pro Stunde, 35 Zl. für 24 Stunden.
Für sehr große Mobile wegen der Einfahrt nicht zu empfehlen.
5 min Fußweg zur Ortsmitte. 3 min Fußweg zum Sandstrand.
Mehrere 24 Stunden bewachte Plätze im Ort.
Für Übernachtung teilweise geeignet.
Besuch des Wolinski Park Narodowy mit Wisenten.
Parkplätze an den Eingängen zum Park
nur Sraßenschleifen.
Für die Übernachtung nicht geeignet.
Ausflug nach Swinemünde. Ausflug nach Kolberg.
Besichtigung von Stettin: Schloss, Altes Rathaus,
Woiwodschaft, St.Jakobs-Kathedrale, Haken-Terrassen,
Nationalmuseum, Seefahrtsmuseum, Hafenanlagen.

72-514 Kolzow (Kolczewo) Unter den Fichten **  HP - 7

Wohnmobilplatz bei einem Ferien-Bauernhof am Waldrand in ruhiger und schöner Lage.

Bei Anfahrt aus dem Osten von der Fernstraße 102 (Swinemünde-Kolberg) durch Kolczewo 2 km Richtung Kolobrzeg fahren und dem Wegweiser Agroturystyka folgen (**Ul. Zwyciestwa 1d**).
Koordinaten: 53° 58,77' Nord, 14° 37,90' Ost.

Häuser am Platz. Dusche, WC und Müllbehälter am Platz.
Ver- und Entsorgung möglich. Stromanschluss Gebühr 2 Euro
Spielplatz, Grill Räucherei und Feuerstelle am Platz.
Ganzjährig zugänglich. Aufenthaltsdauer nicht begrenzt.
Ebene Stellflächen für 20 Wohnmobile.
Stellplatzgebühr: 45 Zl. für 24 Stunden und 2 Personen.
Sandstrand in 1 km Entfernung. Baden im eigenen Weiher.
Angeln im See Koprowo und in eigenen Fischteichen.
Anlegestelle für Boote in der Nähe.
Wandern und Radfahren im Naturpark Wolinski und an der Küste.
Golfplatz in 3 km Entfernung.
Besuch des Wolinski Park Narodowy mit Wisenten.
Parkplätze an den Eingängen zum Park nur Straßenschleifen. Für die Übernachtung nicht geeignet.
Besuch von Cammin: Kathedrale St. Jana mit Tryptichon, Kanzel und Kreuzgang, Fischereihafen.
Ausflug nach Swinemünde und nach Kolberg.
Besichtigung von Stettin: Schloss, Altes Rathaus, Woiwodschaft, St.Jakobs-Kathedrale, Haken-Terrassen, Nationalmuseum, Seefahrtsmuseum, Hafenanlagen.
Informationen: Hendryk Krynicki Tel. 09 13 26 55 43.
Internet: www.podswierkami.pl.

72-344 Treptow (Trzesacz) Ortsrand * HP - 8

Bewachter **Park- und Übernachtungsplatz** am Ortsrand.

Von der Fernstraße 102 (Swinemünde-Kolberg)1 km nach dem Ortsanfang Rewal im Kreisel geradeaus fahren.
Nach 2,6 km rechts zum Platz abbiegen.
Koordinaten: 54° 4,88' Nord, 15° 1,04' Ost.

Häuser, Geschäfte und Gaststätten in der Nähe.
Müllbehälter am Platz. Ganzjährig zugänglich.
Aufenthaltsdauer einige Tage,
24 Stunden bewachter Parkplatz.
Ebene, gekieste Stellflächen für 5 Wohnmobile.
Stellplatzgebühr. 10 min. Fußweg zur Ortsmitte.
Besichtigung von Kolberg: Altstadt, Mariendom, Rathaus, Kurzone, Leuchtturm Latarnia Morska.
Besuch von Cammin: Kathedrale St. Jana mit Tryptichon, Kanzel und Kreuzgang, Fischereihafen.
Ausflug nach Swinemünde. Fahrt nach Stettin.

72-344 Rewahl (Rewal) Ortsrand *** HP - 9

In Abschnitte eingeteilter **Parkplatz** am Ortsrand in sehr ruhiger und guter Lage.

Von der Fernstraße 102 (Swinemünde-Kolberg) 1 km nach dem Ortsanfang Rewal im Kreisel rechts Richtung Centrum fahren. Noch 100 m bis zum Platz rechts. Koordinaten: 54° 4,88' Nord, 15° 1,04' Ost.

Häuser, Geschäfte und Kiosk am Platz.
Gaststätten und Tankstelle in der Nähe.
WC, Infotafel und Müllbehälter am Platz.
Minibahn-Haltestelle am Platz.
Müllbehälter am Platz. Ganzjährig zugänglich.
Aufenthaltsdauer 24 Stunden.
Ebene, gepflasterte Stellflächen mit Baumreihen für 10 Wohnmobile.
Keine Stellplatzgebühr.
5 min. Fußweg zur Ortsmitte.
8 min. Fußweg zum Strand.
Besichtigung von Kolberg: Altstadt, Mariendom, Rathaus, Kurzone, Leuchtturm Latarnia Morska.
Besuch von Cammin: Kathedrale St. Jana mit Tryptichon, Kanzel und Kreuzgang, Fischereihafen.
Ausflug nach Swinemünde. Fahrt nach Stettin.

78-100 Kolberg (Kolobrzeg) Strand ** HP - 10

Großparkplatz in Strandnähe in ruhiger und guter Lage.

Von der Fernstraße 6 (Stettin-Danzig) in Köslin (Koszalin) Richtung Kolberg (Kolobrzeg) abbiegen (11). 6 km nach dem Ortsanfang am ersten großen Kreisel rechts abbiegen. Nach 1,1 km - 600 m nach der zweiten Bahnüberführung - wird der Platz links erreicht. Koordinaten: 54° 11,09' Nord, 15° 35,52' Ost.

Häuser am Platz.
Gaststätte in der Nähe.
Müllbehälter am Platz.
Ganzjährig zugänglich.
Aufenthaltsdauer 24 Stunden.
Ebene, asphaltierte Stellflächen mit Randbäumen für 20 Wohnmobile.
In der Saison am Tage eventuell durch Pkw belegt.
Keine Stellplatzgebühr.
Ver-/Entsorgung auf dem Campingplatz Baltic gegen Gebühr. Extra-Stellplätze für Wohnmobile, Ver- und Entsorgung, Stromanschluss, sanitäre Anlagen, Gaststätte. 300 m vorher nach 2. Schiene rechts abbiegen.
Breiter Sandstrand in der Nähe.
Rad- und Fußweg am Meer und zum Kurgebiet und zum Hafen mit Leuchtturm.
Besichtigung von Kolberg: Altstadt, Mariendom, Rathaus, Kurzone, Leuchtturm Latarnia Morska, Salzmuseum.
Besichtigung von Köslin: Rathaus, Kathedrale St. Maria, Schlosskirche, Reste der Stadtmauer, Altstadt.

78-100 Kolberg (Kolobrzeg) Altstadt * HP - 11

Park- und Übernachtungsplatz an der Altstadt in sehr guter Lage.

Von der Fernstraße 6 (Stettin-Danzig) in Köslin (Koszalin) Richtung Kolberg (Kolobrzeg) abbiegen (11). 7,9 km nach dem Ortsanfang links zum Platz abbiegen. Koordinaten: 54° 10,42' Nord, 15° 34,69' Ost.

Häuser am Platz. Gaststätten in der Nähe.
24 Stunden bewachter Parkplatz - auch für Busse und Pkw.
Müllbehälter am Platz. Ganzjährig zugänglich.
Ebene, befestigte Stellflächen
für 10 Wohnmobile oder Caravan.
Stellplatzgebühr: 22 Zl. für 24 Stunden, 4 Zl. für 1 Stunde.
300 m bis zur Altstadt. Salzinsel und Museum in der Nähe.
Ver-/Entsorgung auf dem Campingplatz Baltic gegen Gebühr.
Extra-Stellplätze für Wohnmobile, Ver- und Entsorgung, Stromanschluss, sanitäre Anlagen, Gaststätte.
Besichtigung von Kolberg: Altstadt, Mariendom, Rathaus, Kurzone, Leuchtturm Latarnia Morska.
Besichtigung von Köslin: Rathaus, Kathedrale St. Maria, Schlosskirche, Reste der Stadtmauer, Altstadt.
Ausweichparkplatz auf der Salzinsel. 300 m weiter.
Ausweichplatz am Jachthafen (Port Jachtowy):
45 Zl. für 24 Stunden einschl. Strom und WC.

76-032 Großmöllen (Mielno) Rodzinny *** HP - 12

Wohnmobil- und Caravanplatz zwischen See und Küste in sehr ruhiger und guter Lage.

Von der Fernstraße 6 (Stettin-Danzig) in Köslin (Koszalin) Richtung Kolberg (Kolobrzeg) abbiegen (11). 4,9 km nach dem Ortsende Köslin rechts Richtung Mielno abbiegen (165). Nach 4,4 km - 1 km nach dem Ortsanfang - rechts Richtung Lazy fahren. Noch 1,2 km bis zum Platz links (**Ul. Chrobrego 51**). Koordinaten: 54° 15,79' Nord, 16° 4,30' Ost.

Tor vor der Einfahrt. Klingel am Tor. Gaststätte/Pizzeria und Häuser am Platz.
Frischwasser, Entsorgung (Kassetten)
und getrennte Müllentsorgung am Stellplatz.
Stromanschlüsse vorhanden. 1,50 Zl/kWh.
WC, sanitäre Anlagen und Waschmaschine am Platz.
Für sehr große Mobile wegen der Einfahrt nicht geeignet.
Offen Mitte April - Mitte November. Aufenthalt unbegrenzt.
Wohnmobile oft anzutreffen.
Ebene Stellflächen auf Wiese mit Bäumen am Rand
für 30 Wohnmobile oder Caravan.
Stellplatzgebühr: 45 Zloty für 24 Stunden.
300 m bis zum feinen Sandstrand.
Besichtigung von Kolberg: Altstadt, Mariendom, Rathaus, Kurzone, Leuchtturm Latarnia Morska.
Besichtigung von Köslin: Rathaus, Kathedrale St. Maria, Schlosskirche, Reste der Stadtmauer, Altstadt.
Informationen: Tel. 0 94 - 3 52 79 39.
Internet: www.campingrodzinny.prv.pl.

76-002 Lasse (Lazy) Jamno See ** HP - 13

Parkplatz zwischen See und Küste in ruhiger und schöner Lage.

Von Mielno Richtung Lazy fahren und 3,3 km nach der letzten Abzweigung vor der Brücke über den Zufluss zum See rechts oder links zu den Parkplätzen abbiegen. Von Lazy Richtung Mielno fahren und 500 m nach dem Ortsanfang Uniescie zu den Plätzen abbiegen.
Koordinaten: 54° 16,95' Nord, 16° 8,08' Ost.

Einsame Lage.
Breiter Badestrand am Platz.
Zugänglich nur in der Saison.
Außerhalb der Saison abgeschrankt.
Aufenthalt 24 Stunden.
Ebene, befestigte Stellflächen oder auf Sandboden.
mit einzelnen Bäumen für 20 Wohnmobile.
Parkgebühr in der Saison.
Besichtigung von Kolberg: Altstadt, Mariendom, Rathaus, Kurzone, Leuchtturm Latarnia Morska.
Besichtigung von Köslin: Rathaus, Kathedrale St. Maria, Schlosskirche, Reste der Stadtmauer, Altstadt.
Besichtigung von Rügenwalde: Altstadt, Hauptplatz, Marienkirche, Rathaus, Schloss der Pommerschen Herzöge.

76-150 Rügenwalde (Darlowo) Bahnhof ** HP - 14

Parkplatz am Ortsrand in ruhiger und guter Lage.

Bei Anfahrt aus dem Südwesten von Köslin (Koszalin) Richtung Darlowo (203) und 600 m nach dem Ortsanfang links Richtung Zentrum fahren. Nach weiteren 1,3 km im Kreisel links der 203 folgen und nach 200 m links abbiegen (**Ul. Boguslawa**). Nach 300 m vor dem Bahnhof rechts abbiegen. Noch 200 m bis zum Platz links.
Koordinaten: 54° 25,12' Nord, 16° 24,18' Ost.

Häuser und Supermarkt Lidl am Platz.
Ganzjährig zugänglich.
Aufenthalt 24 Stunden.
Ebene Stellflächen auf Betonplatten für 20 Wohnmobile.
Keine Parkgebühr.
10 min. Fußweg zur Ortsmitte.
Besichtigung von Rügenwalde: Altstadt, Hauptplatz, Marienkirche, Rathaus, Schloss der Pommerschen Herzöge.
Wanderungen und Radtouren an der Küste.
Besichtigung von Köslin: Rathaus, Kathedrale St. Maria, Schlosskirche, Reste der Stadtmauer, Altstadt.
Besichtigung von Kolberg: Altstadt, Mariendom, Rathaus, Kurzone, Leuchtturm Latarnia Morska.
Ausflug zu den Wanderdünen bei Leba.

76-150 Rügenwaldermünde (Darlowko) Park Wodney * HP - 15

Parkplatz am Hallenbad.

Bei Anfahrt aus dem Osten von Ustka Richtung Darlowo fahren (203) und vor Darlowo rechts Richtung Darlowko abbiegen. Nach 2,5 km links zum Parkplatz am Hallenbad Park Wodney abbiegen.
Koordinaten: 54° 26,66' Nord, 16° 23,78' Ost.

Tor vor dem Platz. Meistens geöffnet.
Nebenstraße am Platz.
Zugänglich in der Saison.
Aufenthalt 24 Stunden.
Ebene, asphaltierte Stellflächen für 10 Wohnmobile.
Keine Parkgebühr.
Hallenbad Park Wodney mit Riesenrutsche am Platz. Geöffnet ab 11.00 Uhr.
Wanderungen und Radtouren an der Küste.
Besichtigung von Rügenwalde: Altstadt, Hauptplatz, Marienkirche, Rathaus, Schloss der Pommerschen Herzöge.
Besichtigung von Köslin: Rathaus, Kathedrale St. Maria, Schlosskirche, Reste der Stadtmauer, Altstadt.
Besichtigung von Kolberg: Altstadt, Mariendom, Rathaus, Kurzone, Leuchtturm Latarnia Morska.

76-150 Rügenwaldermünde (Darlowko) Strand ** HP - 16

Wildes **Parkgelände** in Strandnähe in ruhiger Lage.

Bei Anfahrt aus dem Osten von Ustka Richtung Darlowo fahren (203) und vor Darlowo rechts Richtung Darlowko abbiegen. Nach 2,6 km rechts zum Parkgelände an den Dünen abbiegen.
Koordinaten: 54° 26,70' Nord, 16° 23,67' Ost.

Einsame Lage.
Breiter Badestrand in der Nähe.
Ganzjährig zugänglich.
Aufenthalt 24 Stunden.
Sehr holprige Stellflächen auf Wiese und Sandboden für 20 Wohnmobile. Zufahrt auf Betonplatten.
Keine Parkgebühr.
Besuch des Hallenbades Park Wodney mit Riesenrutsche. Öffnung ab 11.00 Uhr.
Wanderungen und Radtouren an der Küste.
Besichtigung von Rügenwalde: Altstadt, Hauptplatz, Marienkirche, Rathaus, Schloss der Pommerschen Herzöge.
Besichtigung von Köslin: Rathaus, Kathedrale St. Maria, Schlosskirche, Reste der Stadtmauer, Altstadt.
Besichtigung von Kolberg: Altstadt, Mariendom, Rathaus, Kurzone, Leuchtturm Latarnia Morska.

76-156 Neuwasser (Dabki) Bukowa See ** HP - 17

Privater **Wohnmobilplatz** auf Wiesengelände in der Nähe des Bukowasees in ruhiger Lage.

Von Rügenwalde Richtung Swinemünde fahren (203) und nach 5 km in Dabki zum Platz abbiegen (**Ul. Dabkowicka**). Koordinaten: 54° 22,55' Nord, 16° 19,08' Ost.

Gaststätte in der Nähe. Häuser am Platz.
Bademöglichkeit im Bukowasee.
Ostseestrand in 300 m Entfernung.
Zugänglich Juli - August.
Aufenthalt nicht begrenzt.
Stellflächen auf Wiese für 20 Wohnmobile.
Parkgebühr: 20 Zl. pro Mobil. 9 Zl. pro Person.
Tretbootverleih in der Nähe. Angeln am See.
Wanderungen und Radtouren an der Küste.
Besichtigung von Rügenwalde: Altstadt, Hauptplatz,
Marienkirche, Rathaus,
Schloss der Pommerschen Herzöge.
Besichtigung von Köslin: Rathaus, Kathedrale St. Maria,
Schlosskirche, Reste der Stadtmauer, Altstadt.
Besichtigung von Kolberg: Altstadt, Mariendom, Rathaus,
Kurzone, Leuchtturm Latarnia Morska.
Informationen: Tel. (0048) (0)94 - 3 14 80 64.

76-150 Rügenwalde (Darlowo-Kopan) Kopan-See**

HP - 18

Privater **Wohnmobil- und Caravanplatz** in der Nähe des Kopan Sees in ruhiger Lage.

Bei Anfahrt aus dem Westen von Rügenwalde Richtung Ustka fahren (203) und nach 3 km Richtung Lisowo/Kopan abbiegen. In Kopan zur Platz **Kopan 9** fahren.
Koordinaten: 54° 27,70' Nord, 16° 23,86' Ost.

Häuser am Platz.
Badestrand am See in der Nähe.
Ver- und Entsorgung und Stromversorgung möglich.
Dusche. Gebühr 3 Zl.
Zugänglich Mai - September. Aufenthalt nicht begrenzt.
Gepflasterte Stellflächen für 10 Wohnmobile.
Parkgebühr: 45 Zl. für 24 Stunden.
Angeln am See. Wanderungen und Radtouren an der Küste.
Besichtigung von Rügenwalde: Altstadt, Hauptplatz,
Marienkirche, Rathaus,
Schloss der Pommerschen Herzöge.
Besichtigung von Köslin: Rathaus, Kathedrale St. Maria,
Schlosskirche, Reste der Stadtmauer, Altstadt.
Besichtigung von Kolberg: Altstadt, Mariendom, Rathaus,
Kurzone, Leuchtturm Latarnia Morska.
Informationen: Marius Swist Tel. (0048) (0)9 43 14 18 17
Ausweichplatz in Palczewice am Kopan See. 6 Mobile.
45 Zl. für 24 Stunden. 54° 28,41' Nord, 16° 28,08' Ost.

84-360 Klucken (Klucki) Freilichtmuseum ** HP - 19

Parkplatz am Freilichtmuseum im Ort in ruhiger und schöner Lage.

Bei Anfahrt aus dem Süden von der 203 (Slupsk-Puck) in Chocmirowko nach Norden Richtung Klucki abbiegen. Noch 20 km bis zum Platz im Ort (**Ul. Dominikanska 5-9**).
Koordinaten: 54° 40,91' Nord, 17° 20,05' Ost.

 Abgestorbene Bäume an den Wanderdün

Kiosk und Häuser in der Nähe.
Müllbehälter am Platz.
Ganzjährig zugänglich.
Aufenthalt 24 Stunden.
Ebene, asphaltierte Stellflächen mit Bäumen am Rand für 5 Wohnmobile.
Keine Stellplatzgebühr.
Wanderungen und Radtouren im Slowinski Park Narodowy. und zu den Wanderdünen Weiße Berge (Biale Gory).
Besuch des Kaschubischen Freilichtmuseums.
Ausflug nach Leba zu den hohen Wanderdünen.
Fahrt nach Stolp.
Ausflug zur Halbinsel Hela.
Fahrt nach Danzig.

84-360 Leba (Leba) Slowinzischer Nationalpark *** HP - 20

Parkplatz am Lebsko See in sehr ruhiger und guter Lage.

Bei Anfahrt aus dem Süden (214) am Kreisel vor Leba Richtung Slowinski Park Narodowy fahren, nach 400 m links, nach 100 wieder links und nach 600 m links fahren. Nach weiteren 900 m links Richtung Rabka Parking abbiegen. Noch 1,4 km bis zur Zufahrt links.
Koordinaten: 54° 45,19' Nord, 17° 31,09' Ost.

Einsame Lage. Blick auf den See.
Müllcontainer am Stellplatz.
Ganzjährig zugänglich. Aufenthalt 24 Stunden.
Ebene, befestigte Stellflächen mit Bäumen am Rand und Baumreihen auf dem Platz für 20 Wohnmobile.
Stellplatzgebühr: 2 Zl. für 24 Stunden.
Wanderungen und Radtouren zu den Wanderdünen Weiße Berge (Biale Gory) in 5 km Entfernung.
Elektrokleinbahn und andere Fahrzeuge in 200 m Entfernung. Abfahrt jederzeit nach Bedarf.
Besuch des Freilichtmuseum Skansen (Raketen-Versuchsgelände von 1941).
Schiffsrundfahrt auf dem See.
Schiffsausflüge auf der Ostsee vom Hafen Leba.
Fahrt nach Danzig.
Fahrt nach Stolp.
Ausflug zur Halbinsel Hela.
Ausweichplatz westlich der Brücke.

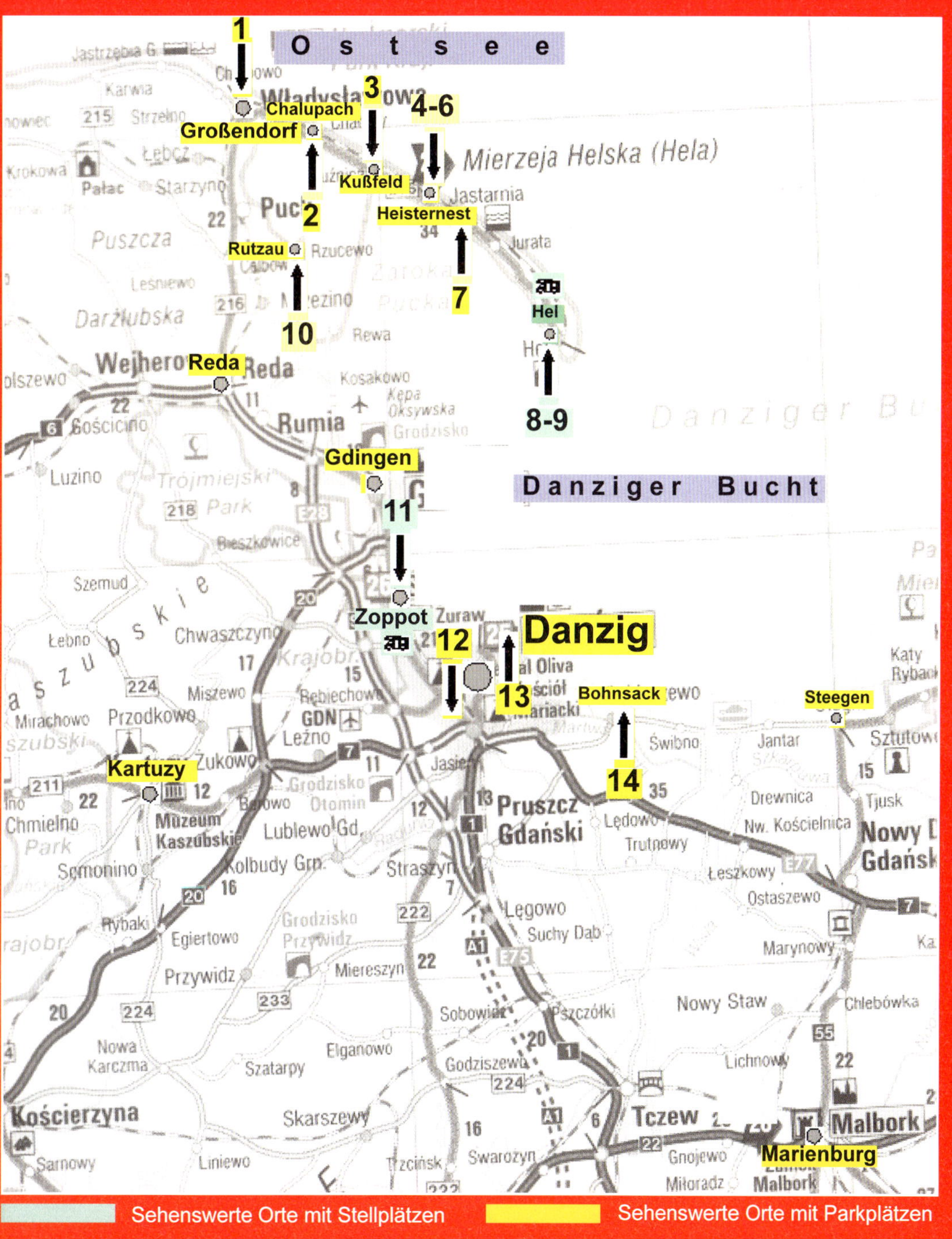

Sehenswerte Orte mit Stellplätzen

Sehenswerte Orte mit Parkplätzen

Tour 2

Die alte Metropole der Ostsee

Danzig und Umgebung

Tour 2: Danzig und Umgebung

Nr.	Ort, Bezeichnung	Stell-plätze A	Gast-haus	Häu-ser	WC	Bad See	Orts-nähe B	Ent-sorg.	Park-dauer C	Park-gebühr D
DU - 1	Großendorf, Plaza *	10	-	-	-	+	x	-	1	0
DU - 2	Chalupach, Plaza *	5	-	-	-	+	x	-	1	0
DU - 3	Kußfeld, Plaza **	5	-	-	-	+	x	-	1	0
DU - 4	Heisternest, Port **	5	-	+	-	+	x	-	1	0
DU - 5	Heisternest, Strand ***	20	-	+	-	+	x	-	1	0
DU - 6	Heisternest, Seebrücke ***	10	+	+	-	+	x	-	1	0
DU - 7	Bor, Ortsrand **	20	-	+	-	-	x	-	T	P
DU - 8	**Hela, Wohnmobilplatz *** **	10	-	+	-	-	x	-	U	2
DU - 9	**Hela, Ortsrand *** **	20	-	+	-	-	x	-	U	2
DU - 10	Rutzau, Zamek **	3	+	+	-	-	x	-	1	0
DU - 11	**Zoppot, Aquapark *** **	10	+	+	+	+	x	-	U	7
DU - 12	Danzig, Altstadt *	5	+	+	-	-	10	-	1	P
DU - 13	Danzig, Westerplatte ***	50	+	-	-	+	x	-	1	P
DU - 14	Bohnsack, Strand **	5	+	-	-	+	x	-	1	0

Legende

**** sehr ruhige und sehr schöne Lage.
*** sehr ruhige und schöne Lage.
** ruhige und gute Lage.
* keine ruhige Lage.
A Stellplätze gestaffelt nach 3, 5, 10, 20, 30, 50 Wohnmobilen. Dabei wird angenommen, dass nur die Hälfte des Platzes zur Verfügung steht und die andere Hälfte durch PKW belegt ist.
B Fußweg in Minuten, x über 15 min Fußweg.
C Aufenthaltsdauer in Tagen.
D Stellplatzgebühr in Euro (von Zloty umgerechnet) pro Mobil und 24 Stunden oder Parkgebühr.
P Parkgebühr in der Saison.
T Aufenthaltsdauer einige Tage.
U Aufenthaltsdauer unbegrenzt.

Parkplatz Wohnmobil-Stellplatz

Die alte Metropole der Ostsee

Danzig und Umgebung

Tour 2

Unsere Route führt uns zur Danziger Bucht, die von der Metropole Danzig, von Hafenstädten, Strandbädern und Kurorten gesäumt wird. Eine lange, schmale Landzunge, die Halbinsel Hela schirmt die Bucht im Nordwesten von den Wellen und Winden der Ostsee ab und im Südwesten begrenzt die Frische Nehrung das Frische Haff, eine flache Bucht zwischen Nehrung und Land.

Wir fahren weiter die Danziger Bucht ab zur Halbinsel Hela, die im Gegensatz zur Frischen Nehrung meistens den Blick auf die Bucht freilässt. Auf der anderen Seite wachsen dichte Wälder bis zu den Dünen und breiten Stränden der Ostseeseite. Polen holt auf: es gibt malerische kleine Häfen, z. B. Heisternest (Jastarnia) mit Fischkuttern am Kai, die Landschaft ist sauber, die Häuser werden renoviert. Uns gefällt es hier, wir bleiben einen ganzen Tag zum Relaxen. Die durch die 35 Kilometer lange Landzunge geschützte Bucht ist ein Paradies für Windsurfer, Kite-Surfer und Segler. Auf der nördlichen, der Ostsee zugewandten Seite, locken breite Sandstrände, in der Mitte der Halbinsel wachsen Kiefernwälder.

▲ Im Hafen von Heisternest

Der Tourismus wird auch in den anderen Orten der Halbinsel, besonders in Hela, gefördert. Parkplätze zum Übernachten und Stellplätze für einen längeren Aufenthalt sind an mehreren Orten der Halbinsel zu finden, am Ostseestrand von Großendorf (DU - 1), an der Straße nach Hela (DU - 2, DU - 3, DU - 7) und die schönen Plätze in Heisternest (DU - 4, DU - 5, DU - 6). In Hela darf man sich auf mehreren 24 Stunden bewachten Parkplätzen für Busse, Wohnmobile und Pkw einige Tage aufhalten. Die Gebühren sind gegenüber den Kosten in Deutschland außerordentlich gering (**DU - 8** und **DU - 9**).

▼ Im Hafen von Heisternest

Das Schild „Zamek", übersetzt etwa Burg oder Schloss, an der Straße lässt uns neugierig werden. Nach einem Abstecher über schmale Straßen stehen wir vor dem Schloss Sobieski in Rutzau, Wohnsitz des berühmten polnischen Königs Johann II. Sobieski, des Retters von Wien gemeinsam mit Habsburgern und Deutschen im Kampf gegen die Türken 1683.

Der Bau, eingebettet in einen Park mit altem Baumbestand, ist heute Hotel und Reiterhof. Nach ein paar Schritten bergab stehen wir an der Danziger Bucht auf einem Steg und schauen in die malerische Landschaft und den Anglern in ihren Booten zu. Der Bus-Parkplatz vor dem Schloss ist für eine Übernachtung geeignet (DU - 10).

Uns fehlt die Zeit, wir wollen in Zoppot, wo früher reiche Danziger die Sommerfrische verbrachten, in jüngster Zeit Staatsgäste logierten und heute Hotels und Boutiquen um Kunden werben, den schönen weißen Strand sehen. In die Nobelviertel können wir nicht fahren, überall gibt es Bahnunterführungen aus der Zeit, als es noch keine hohen Mobile gab. Am westlichen Ortsrand beim Aquabad finden wir einen privaten Stellplatz für die Nacht (**DU - 11**), laufen die Stufen zum Meer hinab durch einen dichten Wald und verbringen im Restaurant Kolobri, einem urigen Holzbau am Ufer der Ostsee, bei wohlschmeckendem polnischen Bier und kleinen polnischen Gerichten einen sonnigen Spätnachmittag. Die Sonne strahlt vom Himmel, aber ein kalter Wind bläst uns wieder mal um die Ohren. Weit reicht der Blick über den langen breiten weißen Strand bis zur unendlich langen Seebrücke.

Das elegante Ostseebad Zoppot (Sopot) ist die Badewanne der Danziger. Der 4 Kilometer lange Strand wird durch die Halbinsel Hela (Hel) vor Wind und Wellen der Ostsee geschützt. Beeindruckend sind die vielen Luxushotels, vor allem der grandiose Bau des Grand Hotel, die Flanierstraße Monciak, die weiße Badeanstalt (Zaklad Balneologyczny), die vielen Villen im Jugendstil aus dem 19. Jahrhundert und die 512 Meter lange Seebrücke Molo, die längste Seebrücke Europas.

In der früher sehr mächtigen und reichen Hansestadt Danzig (Gdansk) weisen viele großartige Baudenkmäler auf die ruhmreiche Vergangenheit hin. Die reichen Danziger Kaufleute bauten prunkvolle Kirchen, Kulturdenkmäler, Häuser und repräsentative Bauten. Danzig war immer eine Stadt des Handels und der Seefahrt.

Mit dem Beschuss der Halbinsel Westerplatte durch den deutschen Kreuzer „Schleswig Holstein" begann der Zweite Weltkrieg. Durch den Krieg vollständig zerstört, begann der Wiederaufbau schon 1948, Handel und Werften erlebten einen neuen Aufschwung.

Von unserem schönen Übernachtungsplatz an der Westerplatte (DU - 13) könnten wir mit Schiffen bis zur Danziger Innenstadt fahren. Wir trauen uns jedoch am nächsten Morgen mit den Mobilen über die stark befahrene Einfallstraße und finden zentrumsnah einen bewachten Parkplatz (DU - 12). Über die Touristeninformation, wo niemand deutsch spricht, mieten wir einen Elektrowagen zu Viert und bekommen alle Sehenswürdigkeiten dieser schönen Stadt erklärt. Unser freundlicher junger Elektrozugführer fährt uns kreuz und quer durch die Altstadt und sogar zum Denkmal für die Opfer des Arbeiterstreiks 1970 vor den Toren des Werftgeländes. Die Gewerkschaft Solidarnosc und ihre Aufstände trugen wesentlich zum Zusammenbruch des kommunistischen Regimes 1989 bei. Die drei, 42 Meter hohen Gedenkkreuze erinnern an die Toten des Aufstandes von 1970. Das Museum dokumentiert eindrucksvoll den polnischen Weg zur Freiheit und Demokratie. Wir staunen über die Aufbauleistung dieser Stadt. In der Altstadt kommen wir zuerst zum Rathaus (Ratusz Staromiejski), ein schlichter Bau mit einer Schaufassade und einem schlanken Turm. Danach erreichen wir die beeindruckende Große Mühle (Wielki Mlyn) auf einer Insel, von den Deutschherren im 14. Jahrhundert mit einem Satteldach, das über sechs Stockwerke fast bis zum Boden reicht, errichtet. Daneben steht die älteste Kirche der Stadt, die Katharinenkirche (Kosciol Sw. Katarzyny) mit einem sehenswerten gotischen Flügelaltar.

Denkmal der Werftarbeiter

Wir bummeln über die Uferpromenade, wo überall Bernsteinschmuck angeboten wird. Von hier starten auch die Touristenschiffe zu Rundfahrten. Besonders beeindruckt uns der Nachbau einer mittelalterlichen Hanse-Kogge.

Der Weg führt uns zum Krantor (Zuraw), Wahrzeichen Danzigs. Das Gebäude entstand 1363 als schwerer Lastkran zum Entladen der Waren von den Schiffen auf dem Fluss Motlawa und als Wehranlage zur Verteidigung. Von den Rundtürmen konnte man Angreifer vom anderen Ufer wirkungsvoll beschießen. In den Bauten sind heute Ausstellungsstücke des Meeresmuseums untergebracht. Wenige Schritte entlang des Flussufers bringen uns zum Frauentor (Brama Mariacka), das älteste Stadttor Danzigs, im 14. Jahrhundert als Wehrbau errichtet.

Vom Rathaus bis zum Grünen Tor (Brama Zielona) am Fluss Motlawa erstreckt sich der Lange Markt (Dlugi Targ), gesäumt von prachtvollen Patrizierhäusern. Am langen Markt sind alle alten Bürgerhäuser wieder aufgebaut, keines gleicht dem anderen. Unsere besondere Aufmerksamkeit findet das Goldene Haus (Zlota Kamienica), eine Fassade, die vollständig mit goldenen Reliefs und Skulpturen überzogen ist.

In der Frauengasse (Ulica Mariacka) wird der schmale Fußweg durch Terrassen vor den Hauseingängen und durch kleine balkonartige Vorbauten, die teils als Souveniershops, teils als Cafés genutzt werden und mit Blumen geschmückt sind und mit wenigen Stufen zu den Eingängen der Häuser führen, begrenzt. Diese sogenannten Beischläge sind durch Verzierungen der Geländer, Reliefs an den Brüstungen oder fein bearbeitete Poller geschmückt. In den unteren Räumen der Häuser werden handwerkliche Erzeugnisse, Antiquitäten, alle möglichen Souvenirs, Kunstgegenstände, Gemälde und Bernstein angeboten.

▼ Am Am Ufer der Alten Mott

Am Ende der Gasse beherrscht die wuchtige Marienkirche aus dem 14. Jahrhundert, eine der größten Backsteinkirchen Europas, das Stadtbild. Von der Ausstattung besticht das Triptychon mit dem dramatischen Gemälde „Jüngstes Gericht" von Hans Memling und die vierzehn Meter hohe Astronomische Uhr von Hans Düringen.

Danach besichtigen wir den klassizistischen Dom von 1779 und bummeln danach durch die Langgasse (Ulica Dluga) zurück zum Rechtstädter Rathaus (Ratusz Glównego Miasta) mit dem 80 Meter hohen Turm und dem prächtig ausgeschmückten Roten Saal, der den Wohlstand, den Reichtum, den Handel und die Macht der Hansestadt ausdrückte. Von der Aussichtsplattform des Rathauses haben wir einen Panoramablick über die Stadt.

Wir benötigen nur zehn Minuten, um zurück zu unserem mobilen Haus auf dem bewachten Parkplatz zu gelangen. An der Westerplatte erreichen wir wieder unseren ruhigen Schlafplatz (DU - 13). Im Sommer werden hier sicher einige Badegäste an den feinen Sandstränden auftauchen, heute im Mai sind wir die einzigen Gäste in der Nacht. Am nächsten Morgen besuchen wir die Festung Weichselmünde (Twierdza Wisloujscie) auf der Halbinsel Westerplatte und das Denkmal zur Erinnerung an den Beginn des Zweiten Weltkrieges (Pomnik Obroncow Wybrzeza).

Im Osten von Danzig reihen sich an der Danziger Bucht und auf der Frischen Nehrung ein Seebad nach dem anderen wie an einer Kette auf. Wir fahren zur Frischen Nehrung, eine schmale Landzunge von 70 km Länge und einigen hundert Metern Breite zwischen der Ostsee und dem Frischen Haff. Im oberen Teil verläuft die russisch-polnische Grenze quer über die Nehrung. Allerdings ist hier von dem polnischen Aufbruch noch nichts zu spüren. Die Hotels und Häuser sind meistens nicht renoviert, die Straßen zum Strand gleichen löchrigen und holprigen Pisten, die Campingplätze sind einfach und von Mobilen kaum anzufahren und die Parkplätze sind uneben und schräg oder versteckt unter Bäumen. Zumutbare Aufenthaltsplätze für Wohnmobile konnten wir nur am Strand in Bohnsack finden (DU - 14). Der Fortschritt wird aber auch hier in den nächsten Jahren zu spüren sein.

▼ Residenz der polnischen Könige

89-210 Großendorf (Wladyslawowo) Plaza * DU - 1

Parkplatz am Strand der Ostsee.

Von dem Kreisel 215/216 in Wladyslawowo Richtung Hel fahren (216). Nach 1,3 km wird der Platz links erreicht. Koordinaten: 54° 47,34' Nord, 18° 25,65' Ost.

Etwas einsame Lage.
Verkehrsreiche Straße in der Nähe.
Ganzjährig zugänglich.
Aufenthaltsdauer 24 Stunden.
Ebene, gepflasterte Stellflächen für 10 Mobile.
Keine Parkgebühr.
Sandstrand am Platz.
Wandern und Radfahren auf der Halbinsel Hela.
Besichtigung von Zoppot: Hotelanlagen, Grandhotel, Flaniermeile Monte Cassino, Badeanstalt, Seebrücke Molo.
Besichtigung von Danzig: Rathaus, Katharinenkirche, Krantor, Fauentor, Frauengasse, Marienkirche, Königliche Kapelle, Grünes Tor, Lange Markt, Goldenes Haus, Artushof, Langgasse, Dom, Goldenes Tor, Denkmal der gefallenen Werftarbeiter.
Mehrere kleine Parkplätze an der Straße 216.

84-131 Chalupach (Chalupy) Plaza * DU - 2

Parkplatz am Strand in ruhiger und schöner Lage.

Von dem Kreisel 215/216 in Wladyslawowo Richtung Hel fahren (216). Nach 7 km wird der Platz links kurz vor dem Ortsanfang erreicht. Bei Anfahrt von Hel 100 m nach dem Ortsende Chalupy rechts zum Platz abbiegen. Koordinaten: 54° 45,75' Nord, 18° 29,93' Ost.

Etwas einsame Lage. Straße in der Nähe.
Ganzjährig zugänglich. Aufenthaltsdauer 24 Stunden.
Ebene, gepflasterte Stellflächen mit Randbäumen für 5 Wohnmobile.
Keine Parkgebühr.
Campingplatz an der Danziger Bucht (Putziger Wiek) gegenüber.
Surfzentrum am Putziger Wiek.
Wandern und Radfahren auf der Halbinsel Hela.
Besichtigung von Zoppot: Hotelanlagen, Grandhotel, Flaniermeile Monte Cassino, Badeanstalt, Seebrücke Molo.
Besichtigung von Danzig: Rathaus, Katharinenkirche, Krantor, Fauentor, Frauengasse, Marienkirche, Königliche Kapelle, Grünes Tor, Lange Markt, Goldenes Haus, Artushof, Langgasse, Dom, Goldenes Tor, Denkmal der gefallenen Werftarbeiter.
Mehrere kleine Parkplätze an der Straße 216.

84-130 Kußfeld (Kuznica) Plaza ** DU - 3

Parkplatz am Strand in ruhiger und schöner Lage.

Von dem Kreisel 215/216 in Wladyslawowo Richtung Hel fahren (216). Nach 17,3 km - 2,9 km nach dem Ortsende – wird der Platz rechts erreicht. Koordinaten: 54° 42,79' Nord, 18° 38,24' Ost.

Etwas einsame Lage. Ganzjährig zugänglich.
Aufenthaltsdauer 24 Stunden.
Ebene, befestigte und holprige Stellflächen für 5 Mobile.
Keine Parkgebühr. Sandstrand am Platz.
Surfrevier an der Danziger Bucht.
Bunker-Festung von 1939 in der Nähe.
Wandern und Radfahren auf der Halbinsel Hela.
Besichtigung von Zoppot: Hotelanlagen, Grandhotel, Flaniermeile Monte Cassino, Badeanstalt, Seebrücke Molo.
Besichtigung von Danzig: Rathaus, Katharinenkirche, Krantor, Fauentor, Frauengasse, Marienkirche, Königliche Kapelle, Grünes Tor, Lange Markt, Goldenes Haus, Artushof, Langgasse, Dom, Goldenes Tor, Denkmal der gefallenen Werftarbeiter.
Mehrere kleine Parkplätze an der Straße 216.

84-140 Heisternest (Jastarnia) Port ** DU - 4

Parkplatz am Fischereihafen in ruhiger und schöner Lage.

Von dem Kreisel 215/216 in Wladyslawowo Richtung Hel fahren (216). 2,6 km nach dem Ortsanfang Jastarnia rechs Richtung Port abbiegen. Noch 200 m bis zum Platz geradeaus.
Koordinaten: 54° 41,74' Nord, 18° 40,41' Ost.

Blick auf Fischkutter und Danziger Bucht.
Häuser am Platz. Ganzjährig zugänglich.
Aufenthaltsdauer 24 Stunden.
Ebene, asphaltierte und grob gepflasterte Stellflächen für 5 Wohnmobile.
Stromversorgung am Kai möglich.
Keine Parkgebühr. Sandstrand in der Nähe.
Surfrevier an der Danziger Bucht. Surfshop am Platz.
Parkanlage mit Bänken in der Nähe.
Wandern und Radfahren auf der Halbinsel Hela.
Besichtigung von Zoppot: Hotelanlagen, Grandhotel, Flaniermeile Monte Cassino, Badeanstalt, Seebrücke Molo.
Besichtigung von Danzig: Rathaus, Katharinenkirche, Krantor, Fauentor, Frauengasse, Marienkirche, Königliche Kapelle, Grünes Tor, Lange Markt, Goldenes Haus, Artushof, Langgasse, Dom, Goldenes Tor, Denkmal der gefallenen Werftarbeiter.
Mehrere kleine Parkplätze an der Straße 216.

84-140 Heisternest (Jastarnia) Strand *** DU - 5

Parkplatz am Strand in sehr ruhiger und schöner Lage.

Von dem Kreisel 215/216 in Wladyslawowo Richtung Hel fahren (216). 2,6 km nach dem Ortsanfang Jastarnia rechs Richtung Port abbiegen. Nach 200 m rechts abbiegen. Noch 100 m bis zum Platz links.
Koordinaten: 54° 41,74' Nord, 18° 40,33' Ost.

Blick auf die Danziger Bucht.
Häuser am Platz.
Ganzjährig zugänglich.
Aufenthaltsdauer 24 Stunden.
Ebene Stellflächen auf Betonplatten für 20 Wohnmobile.
Keine Parkgebühr.
Sandstrand am Platz.
Surfrevier an der Danziger Bucht. Surfshop in der Nähe.
Wandern und Radfahren auf der Halbinsel Hela.
Besichtigung von Zoppot: Hotelanlagen, Grandhotel, Flaniermeile Monte Cassino, Badeanstalt, Seebrücke Molo.
Besichtigung von Danzig: Rathaus, Katharinenkirche, Krantor, Fauentor, Frauengasse, Marienkirche, Königliche Kapelle, Grünes Tor, Lange Markt, Goldenes Haus, Artushof, Langgasse, Dom, Goldenes Tor, Denkmal der gefallenen Werftarbeiter.

84-140 Heisternest (Jastarnia) Seebrücke *** DU - 6

Parkplatz an der Seebrücke in sehr ruhiger und schöner Lage.

Von dem Kreisel 215/216 in Wladyslawowo Richtung Hel fahren (216). 2,6 km nach dem Ortsanfang Jastarnia rechs Richtung Port abbiegen. Nach 200 m rechts abbiegen. Noch 300 m bis zum Platz rechts.
Koordinaten: 54° 41,87' Nord, 18° 40,28' Ost.

Blick auf die Danziger Bucht.
Gaststätte und Häuser am Platz.
Ganzjährig zugänglich.
Aufenthaltsdauer 24 Stunden.
Ebene, asphaltierte Stellflächen für 10 Wohnmobile.
Keine Parkgebühr.
Sandstrand in der Nähe.
Surfrevier an der Danziger Bucht. Surfshop am Platz.
Wandern und Radfahren auf der Halbinsel Hela.
Besichtigung von Zoppot: Hotelanlagen, Grandhotel, Flaniermeile Monte Cassino, Badeanstalt, Seebrücke Molo.
Besichtigung von Danzig: Rathaus, Katharinenkirche, Krantor, Fauentor, Frauengasse, Marienkirche, Königliche Kapelle, Grünes Tor, Lange Markt, Goldenes Haus, Artushof, Langgasse, Dom, Goldenes Tor, Denkmal der gefallenen Werftarbeiter.

84-140 Bor (Jurata) Ortsrand ** DU - 7

Bewachter **Parkplatz** am Ortsrand in ruhiger Lage.

Von dem Kreisel 215/216 in Wladyslawowo Richtung Hel fahren (216). 200 m nach dem Ortsende Jurata links zum Platz abbiegen. Koordinaten: 54° 40,49' Nord, 18° 43,61' Ost.

Tor vor dem Platz. Häuser in der Nähe.
Zugänglich in der Saison.
Aufenthaltsdauer einige Tage.
Ebene, asphaltierte Stellflächen und auf Wiese für 20 Wohnmobile.
Parkgebühr.
Surfrevier an der Danziger Bucht. Surfshop in der Nähe.
Wandern und Radfahren auf der Halbinsel Hela.
Besichtigung von Zoppot: Hotelanlagen, Grandhotel, Flaniermeile Monte Cassino, Badeanstalt, Seebrücke Molo.
Besichtigung von Danzig: Rathaus, Katharinenkirche, Krantor, Fauentor, Frauengasse, Marienkirche, Königliche Kapelle, Grünes Tor, Lange Markt, Goldenes Haus, Artushof, Langgasse, Dom, Goldenes Tor, Denkmal der gefallenen Werftarbeiter.

▼ Am Strand auf Hela

84-150 Hela (Hel) Wohnmobilplatz ***  DU - 8

Bewachter **Parkplatz** und **Wohnmobil- und Caravanplatz** am Ortsrand in sehr ruhiger und guter Lage.

Von dem Kreisel 215/216 in Wladyslawowo Richtung Hel fahren (216). 1,4 km nach dem Ortsanfang links Richtung Port Rybacki fahren. Noch 200 m bis zum Platz links.
Koordinaten: 54° 36,47' Nord, 18° 48,29' Ost.

Häuser in der Nähe. Ganzjährig zugänglich.
Aufenthaltsdauer nicht begrenzt.
Parkplatz auch für Busse und Pkw.
Ebene und leicht schräge, befestigte Stellflächen für 10 Wohnmobile oder Caravan.
Parkgebühr: 8 Zloty für 24 Stunden.
Straßen zum Strand nur bis 3,5 t.
Surfrevier an der Danziger Bucht.
Wandern und Radfahren auf der Halbinsel Hela.
Besichtigung von Zoppot: Hotelanlagen, Grandhotel, Flaniermeile Monte Cassino, Badeanstalt, Seebrücke Molo.
Besichtigung von Danzig: Rathaus, Katharinenkirche, Krantor, Fauentor, Frauengasse, Marienkirche, Königliche Kapelle, Grünes Tor, Lange Markt, Goldenes Haus, Artushof, Langgasse, Dom, Goldenes Tor, Denkmal der gefallenen Werftarbeiter.
Mehrere bewachte Park- und Übernachtungsplätze im Ort.

84-150 Hela (Hel) Wohnmobilplatz ** DU - 9

Bewachter **Parkplatz** und **Wohnmobil- und Caravanplatz** am Ortsrand in ruhiger und guter Lage.

Von dem Kreisel 215/216 in Wladyslawowo Richtung Hel fahren (216). 2,6 km nach dem Ortsanfang links Richtung Port Rybacki fahren. Noch 1,2 km bis zum Platz geradeaus.
Koordinaten: 54° 36,00' Nord, 18° 48,51' Ost.

Häuser in der Nähe. Ganzjährig zugänglich.
Aufenthaltsdauer nicht begrenzt. WC am Platz.
Parkplatz auch für Busse und Pkw.
Ebene und leicht schräge, befestigte Stellflächen für 20 Wohnmobile oder Caravan.
Parkgebühr: 8 Zl. für 24 Stunden.
Straßen zum Strand nur bis 3,5 t.
Surfrevier an der Danziger Bucht.
Wandern und Radfahren auf der Halbinsel Hela.
Besichtigung von Zoppot: Hotelanlagen, Grandhotel, Flaniermeile Monte Cassino, Badeanstalt, Seebrücke Molo.
Besichtigung von Danzig: Rathaus, Katharinenkirche, Krantor, Fauentor, Frauengasse, Marienkirche, Königliche Kapelle, Grünes Tor, Lange Markt, Goldenes Haus, Artushof, Langgasse, Dom, Goldenes Tor, Denkmal der gefallenen Werftarbeiter.
Mehrere bewachte Park- und Übernachtungsplätze im Ort.

84-100 Rutzau (Rzucewo) Zamek ** DU - 10

Parkplatz an der Burg Belewow in ruhiger und schöner Lage.

Von der 216 (Reda-Puck) Richtung Zamek Rzuzewo abbiegen. Nach 3,2 km links dem Wegweiser Zamek folgen und nach 1,6 km rechts Richtung Rzuzewo abbiegen (8 t). Noch 3,2 km - 200 m nach dem Ortsanfang – links zum Parkplatz Busse abbiegen (**Rzucewo 6**). Koordinaten: 54° 41,17' Nord, 18° 27,76' Ost.

Schlosshotel/Restaurant Sobieski in der Nähe.
Besichtigung des Schlosses mit Schlosspark.
Spielplatz und Müllbehälter am Platz.
Parkplatz für Pkw am Schiffssteg. Häuser in der Nähe.
Ganzjährig zugänglich. Aufenthaltsdauer 24 Stunden.
Für sehr großen Wohnmobile nicht geeignet.
Ebene, gepflasterte Stellflächen für 3 Mobile.
Keine Parkgebühr. Spielplatz in der Nähe.
Spaziergang durch den Park und an der Danziger Bucht.
Besichtigung von Zoppot: Hotelanlagen, Grandhotel, Flaniermeile Monte Cassino, Badeanstalt, Seebrücke Molo.
Besichtigung von Danzig: Rathaus, Katharinenkirche, Krantor, Fauentor, Frauengasse, Marienkirche, Königliche Kapelle, Grünes Tor, Lange Markt, Goldenes Haus, Artushof, Langgasse, Dom, Goldenes Tor, Denkmal der gefallenen Werftarbeiter.
Besuch der Museen in Danzig. Fahrt zur Halbinsel Hela.

81-701 Zoppot (Sopot) Aquapark *** DU - 11

Zwei bewachte **Park- und Übernachtungsplätze** am Aquapark in sehr ruhiger und guter Lage.

Bei Anfahrt von Danzig im nördlichen Teil von Zoppot auf der vierspurigen Hauptstraße dem Wegweiser Aquapark folgen und an der Shell-Tankstelle nach dem Ortsende rechts abbiegen. Nach 100 m links fahren. Noch 100 m bis zu den Plätzen links und rechts.
Koordinaten: 54° 27,61' Nord, 18° 33,39' Ost.

Schranke vor dem Platz rechts. Häuser am Platz.
Gaststätten am Platz und in der Nähe.
WC im Aquaparks. Müllbehälter am Platz.
Besuch des Aquaparks (Therme, Sauna, Bowling, Gaststätte, Shops)
Parkplatz auch für Busse und Pkw. Ganzjährig zugänglich.
Aufenthaltsdauer nicht begrenzt.
Ebene und schräge, asphaltierte Stellflächen für 10 Mobile.
Parkgebühr 30 Zl. für 24 Stunden.
Sandstrand in der Nähe. 10 Gehminuten.
Wandern und Radfahren an der Danziger Bucht.
Besichtigung von Zoppot: Hotelanlagen, Grandhotel, Flaniermeile Monte Cassino, Badeanstalt, Seebrücke Molo.
Besichtigung von Danzig: Rathaus, Katharinenkirche, Krantor, Fauentor, Frauengasse, Marienkirche, Königliche Kapelle, Grünes Tor, Lange Markt, Goldenes Haus, Artushof, Langgasse, Dom, Goldenes Tor, Denkmal der gefallenen Werftarbeiter.
Besuch der Museen in Danzig. Besuch der Burg Sobieski in Rzucewo. Ausflug zur Halbinsel Hela.

80-009 Danzig (Gdansk) Altstadt * DU - 12

Parkplatz in der Nähe der Altstadt.

Bei Anfahrt aus dem Süden und Osten von der 7 vor dem Zentrum rechts abbiegen. Nach 100 m rechts fahren. Noch 50 m bis zum Platz rechts. Koordinaten: 54° 20,75' Nord, 18° 39,44' Ost.

Häuser und verkehrsreiche Straße am Platz.
Gaststätten in der Nähe. 300 m Entfernung zur Altstadt.
Parkplatz auch für Busse und Pkw. Ganzjährig zugänglich.
Ebene, befestigte Stellflächen für 5 Mobile.
Bewachter Platz bis 17.00 Uhr. Aufenthaltsdauer nicht begrenzt. Parkgebühr: 15 Zl. pro Stunde.
Schiffsfahrten auf der Alten Mott zur Westerplatte.
Besichtigung von Danzig: Rathaus, Katharinenkirche, Krantor, Fauentor, Frauengasse, Marienkirche, Königliche Kapelle, Grünes Tor, Lange Markt, Goldenes Haus, Artushof, Langgasse, Dom, Goldenes Tor, Denkmal der gefallenen Werftarbeiter.
Besuch der Museen.
Besichtigung von Zoppot: Hotelanlagen, Grandhotel, Flaniermeile Monte Cassino, Badeanstalt, Seebrücke Molo.
Besuch der Burg Sobieski in Rzucewo.
Ausflüge zur Halbinsel Hela und zur Frischen Nehrung.

80-009 Danzig (Gdansk) Westerplatte *** DU - 13

Großparkplatz an der Danziger Bucht in sehr ruhiger und schöner Lage.

Bei Anfahrt aus dem Süden und Osten von der 7 vor der Hochbrücke rechts Richtung Westerplatte abbiegen. Nach 6,5 km wird rechts der Parkplatz erreicht.
Koordinaten: 54° 24,21' Nord, 18° 41,03' Ost.

Blick auf Hafen Polnogny und Ostsee.
Gaststätten in der Nähe. Sandstrand am Platz.
Parkplatz auch für Busse, Lkw und Pkw.
Ganzjährig zugänglich. Parkgebühr in der Saison.
Ebene, asphaltierte Stellflächen für 50 Mobile.
Schiffsfahrten nach Danzig (45 min) vom Flusskai.
Denkmal Westerplatte in 500 m Entfernung.
Besichtigung von Danzig: Rathaus, Katharinenkirche, Krantor, Fauentor, Frauengasse, Marienkirche, Königliche Kapelle, Grünes Tor, Lange Markt, Goldenes Haus, Artushof, Langgasse, Dom, Goldenes Tor, Denkmal der gefallenen Werftarbeiter.
Besuch der Museen.
Besichtigung von Zoppot: Hotelanlagen, Grandhotel, Flaniermeile Monte Cassino, Badeanstalt, Seebrücke Molo.
Besuch der Burg Sobieski in Rzucewo. Ausflüge zur Halbinsel Hela und zur Frischen Nehrung.
Ausweichplatz am Kai der Nogat. 200 m links.

84-100 Bohnsack (Sobieszewo) Strand ** DU - 14

Parkplatz im Wald in Strandnähe in sehr ruhiger Lage.

Von der 7 (Danzig-Elbing) südöstlich von Danzig Richtung Sobieszewo abbiegen (115). 200 m nach der Ponton-Brücke rechts fahren und nach 600 m links dem Wegweiser WDW folgen. Nach 900 m wird der Platz rechts im Wald erreicht. Koordinaten: 54° 21,01' Nord, 18° 50,04 Ost.

Einsame Lage. Gaststätte in der Nähe. Ganzjährig zugänglich. Aufenthaltsdauer 24 Stunden.
Für sehr großen Wohnmobile nicht geeignet.
Ebene, gepflasterte Stellflächen für 5 Mobile.
Keine Parkgebühr.
In der Saison am Tage eventuell durch Pkw belegt.
Campingplatz in der Nähe. Sandstrand in der Nähe.
Wandern und Radtouren an der Danziger Bucht und am Frischen Haff.
Besichtigung von Danzig: Rathaus, Katharinenkirche, Krantor, Fauentor, Frauengasse, Marienkirche, Königliche Kapelle, Grünes Tor, Lange Markt, Goldenes Haus, Artushof, Langgasse, Dom, Goldenes Tor, Denkmal der gefallenen Werftarbeiter.
Besuch der Museen in Danzig.
Besichtigung von Zoppot: Hotelanlagen, Grandhotel, Flaniermeile Monte Cassino, Badeanstalt, Seebrücke Molo.

Die Bibliothek in Danzig

Das Rathaus in Danzig

Denkmal für die gefallenen Werftarbeiter

▲ Beim Danziger Goldwasser

▼ Beim Bier in Zoppot

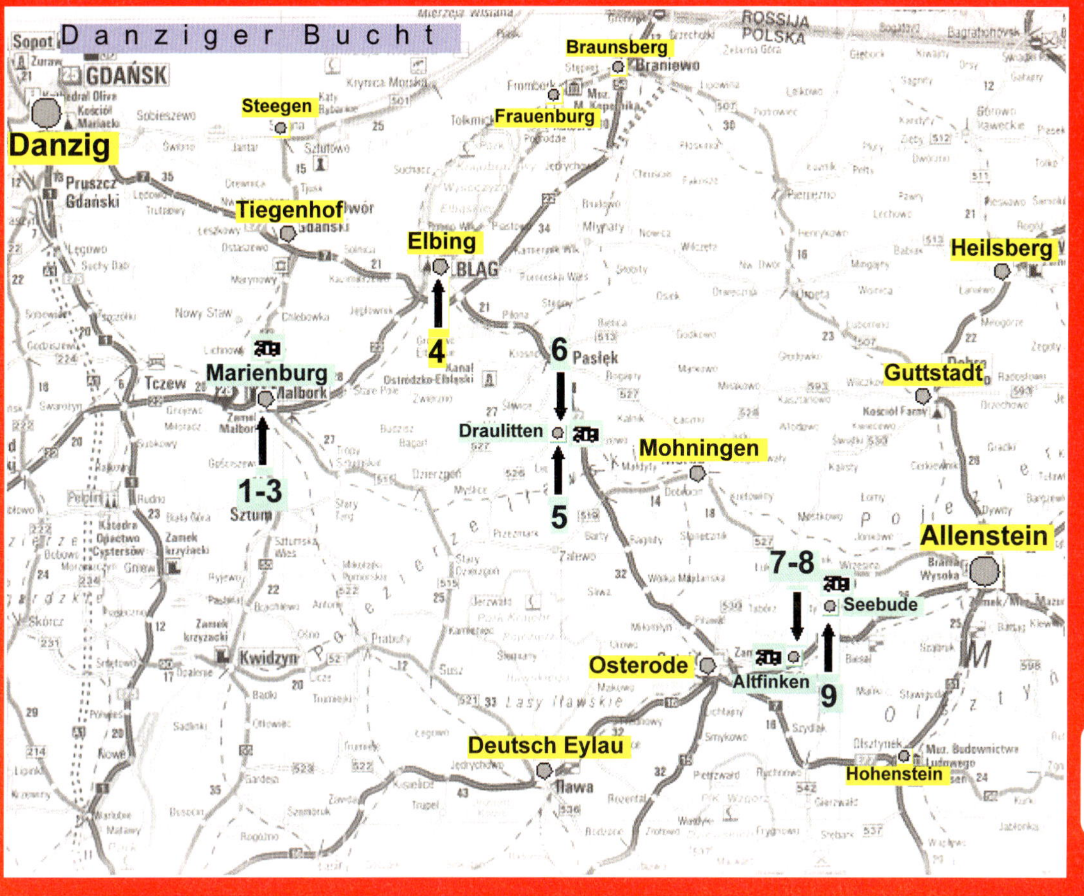

Sehenswerte Orte mit Stellplätzen

Sehenswerte Orte mit Parkplätzen

Tour 3

Eine wichtige Burg

Westpreußen

Tour 3: **In Westpreußen**

Nr.	Ort, Bezeichnung	Stell-plätze	Gast-haus	Häu-ser	WC	Bad See	Orts-nähe	Ent-sorg.	Park-dauer	Park-gebühr
		A					B		C	D
WP - 1	**Marienburg, Westufer ****	20	+	-	-	-	12	-	U	15
WP - 2	**Marienburg, Nogat-Ufer *****	20	+	-	-	-	15	-	U	15
WP - 3	**Marienburg, Marienburg ****	10	+	+	-	-	8	-	U	P
WP - 4	Elbing, Stadtparkplatz *	10	+	+	-	-	5	-	1	P
WP - 5	**Draulitten, Oberländer Kanal ****	5	-	-	-	-	x	-	1	0
WP - 6	**Buchwald, Oberländer Kanal ****	10	-	-	-	-	x	-	1	P
WP - 7	Altfinken, Rastplatz Orlen **	5	+	-	-	-	x	-	1	0
WP - 8	**Altfinken, Kleiner Schillingsee ****	5	+	+	-	+	x	-	1	10
WP - 9	**Seebude, Hotel Andrys ****	3	+	+	-	+	x	-	T	P

Legende

****	sehr ruhige und sehr schöne Lage.
***	sehr ruhige und schöne Lage.
**	ruhige und gute Lage.
*	keine ruhige Lage.
A	Stellplätze gestaffelt nach 3, 5, 10, 20, 30, 50 Wohnmobilen. Dabei wird angenommen, dass nur die Hälfte des Platzes zur Verfügung steht und die andere Hälfte durch PKW belegt ist.
B	Fußweg in Minuten, x über 15 min Fußweg.
C	Aufenthaltsdauer in Tagen.
D	Stellplatzgebühr in Euro (von Zloty umgerechnet) pro Mobil und 24 Stunden oder Parkgebühr.
P	Parkgebühr in der Saison.
T	Aufenthaltsdauer einige Tage.
U	Aufenthaltsdauer unbegrenzt.

Parkplatz   Wohnmobil-Stellplatz

Eine mächtige Burg

Westpreußen

Tour 3

Die prachtvolle Burganlage der Deutschherren, die Marienburg (Malbork), Sitz des Hochmeisters des Ritterordens, ist unser nächstes Ziel. Nach den Zerstörungen im Zweiten Weltkrieg wurden die Gebäude wieder aufgebaut und restauriert. Der Deutsche Orden wurde 1226 vom polnischen Herzog ins Land gerufen, um die heidnischen Pruzzen zu bekämpfen und zu bekehren. Willig folgten die Kreuzritter aus dem Heiligen Land diesem Ruf und errichteten in Ost- und Westpreußen einen mächtigen Staat. Der Bau der Marienburg begann 1270, Erweiterungen und Umbauten erfolgten in den nächsten Jahrhunderten. 1457 wurde die Marienburg von den Kreuzrittern aufgegeben und die Polen nahmen sie in Besitz, bis die Preußen Herren des Landes wurden.

Gegenüber der Marienburg am Ufer der Nogat schlagen wir unser Nachtlager auf einem bewachten Stellplatz auf (**WP - 2**) und genießen das Abendessen in dem am Ufer ankernden nostalgischen Restaurantschiff. Am Morgen, einem Montag, laufen wir über die Fußgängerbrücke zur Burg und stellen fest, dass die größte touristische Attraktion in Nordpolen an diesem Tag geschlossen ist. Aber wir haben wieder Glück und können eine private Führung organisieren. Es ist etwas teurer als an anderen Tagen, aber da unser Budget in Polen bisher sehr geschont wurde, gönnen wir uns diesen informativen Rundgang mit einem sehr gut Deutsch sprechenden Führer und erfahren, wie der Kreuzritterorden am Kreuzungspunkt zweier wichtiger Handelsstraßen am Ufer der Nogat zu Ehren der Schutzpatronin des Ordens und gegen die Aufstände der pruzzischen heidnischen Bevölkerung diese Burg ab dem 13. Jahrhundert errichtete, mit den fast unvorstellbaren Ausmaßen von 700 mal 300 Metern.

Wir beginnen unseren Rundgang vom mächtigen Vortor und gelangen in den Burghof. Im Ostflügel der Burganlage ist ein eindrucksvolles Museum mit Kunstwerken aus Bernstein, Schiffe, Skulpturen und Reliefs untergebracht. Im Westflügel liegt der 30 Meter lange und 15 Meter breite Saal Großer Remter mit einer Ausstellung über die Waffen der Kreuzritter. Im Palast des Hochmeisters kommt man zu dem Saal Sommerremter, dessen Decke von einer einzigen Säule in der Mitte des Raumes gestützt wird. Das Hochschloss ist der älteste Teil der Burganlage. Wir besichtigen den Innenhof mit doppelten Arkadenreihen, die Wirtschaftsräume mit der alten Ausrüstung, den Kapitelsaal, die Goldene Pforte und die Marienkirche, als Ruine ein Mahnmal an die Zerstörungen des Weltkrieges.

▼ Die Marienburg

Wir sind stark beeindruckt von den gut restaurierten Räumen. Sogar die Funktion der ursprünglichen Heizung versetzt uns ins Staunen. Auf dem Stuhl des Großmeisters dürfen wir Platz nehmen und ein Foto schießen. In den Kerker werden wir gesperrt und kamen gegen ein paar Zloty wieder frei. Wir erleben Geschichte, uns wird alles einleuchtend, spannend und fröhlich erklärt und wenn plötzlich der Großmeister auftauchte, es würde uns nicht wundern! Zur Zeit residiert der Großmeister in Wien und besucht Marienburg hin und wieder. Noch immer wird restauriert. Hoch oben auf dem Dach des Klinkerbaues klettern ungesichert Handwerker herum. Uns wird schon schwindelig beim Hinsehen.

In der Nähe der Marienburg und nicht weit vom Zentrum entfernt, können noch zwei andere bewachte Parkplätze für Busse, Wohnmobile und Pkw für den Aufenthalt zur Besichtigung und für die Übernachtung in Anspruch genommen werden (**WP - 1** und **WP - 3**).

Wir lenken unser Fahrzeug nach Nordosten in die Stadt Elbing (Elblag). Um die Altstadt, die gotische Kathedrale, das Dominikanerkloster, die Reste der Burganlage und das Markttor zu besichtigen, stellen wir unser Mobil auf dem Altstadtparkplatz ab (WP - 4). Hier beginnt der 67 Kilometer lange Oberländer Kanal. Der Kanal entstand schon 1860 und galt als ein Wunderwerk der Technik. Den Höhenunterschied von 100 Metern überwinden die Schiffe mit Hilfe von zwei Schleusen und fünf sogenannten Rollbergen, Rampen mit zwei parallelen Schienen, auf denen die Schiffe in Transportgestellen hochgezogen werden. Das Schiff ist über Seil und Umlenkrolle mit dem gegenläufigen Transportgestell verbunden und bewegt sich immer gleichmäßig bergauf oder bergab. Die Fahrt nach Osterode dauert zehn Stunden.

Ein Tagesausflug, den die gesamte Strecke erfordern würde, ist uns zuviel. Wir lenken unser Mobil deshalb zu einem Haltepunkt am mittleren Abschnitt bei Draulitten zwischen Osterode und Elbing. Hier haben wir auf dem Oberländer Kanal bei einem Schiffsausflug ein ganz besonderes, abwechslungsreiches Erlebnis. Eigentlich sollte Feierabend sein für die Crew des kleinen Touristenschiffes, aber wir hatten Glück und der Kapitän machte eine Extrafahrt für uns auf dem Kanal, wo seit Kaisers Zeiten durch eine geniale Ingenieurleistung nur mit Wasserkraft ohne Fremdenergie der Höhenunterschied mühelos gemeistert wird. Die 5 Stufen haben Höhenunterschiede zwischen 13 und 25,5 Metern. Auf Rampen mit Schienen werden die Schiffe hochgezogen, wobei ein entgegenkommender Rampenwagen das Gegengewicht bildet. „Kapitän“ und „Maat“ waren stolz, uns dieses Wunderwerk an Technik bei einer einstündigen Fahrt auf dem Kanal und über einen „Rollberg“ zeigen zu können. Kaffee, Tee, Wasser waren im Preis inbegriffen. An den Ufern bewundern wir unberührte Natur und können verstehen, dass Siegfried Lenz seiner Heimat eine zärtliche Liebeserklärung machte. Eines enttäuscht uns, wir sehen zwar Störche, aber viel weniger als uns vorhergesagt wurde.

Auf dem Oberländer Kanal

Abends könnten wir auf dem Platz an der Schiffsanlegestelle bleiben (**WP - 5**), aber wir wollen noch ein paar Kilometer Richtung Masuren zurücklegen und einige sehenswerte Städte besichtigen.

In Preußisch Holland (Paslek), gegründet von Siedlern aus Holland, sind die 1200 Meter lange Wehrmauer, eine Burg, das gotische Rathaus und die Pfarrkirche des Heiligen Bartholomäus und in Preußisch Mark (Przezmark) die Ruine einer Ordensburg und Reste der Burgmauern zu besichtigen. Mittelalterliche Denkmäler sieht man auch in Mohringen (Morag), das gotische Rathaus, eine gotische Kirche, die Wehrmauer mit Wehrtürmen und den Adelspalast der Familie Dohna.

Am Oberländer Kanal liegt der Ort Liebemühl (Milomlyn). Hier kann man den Glockenturm aus dem 14. Jahrhundert, Reste der Stadtmauer, die neogotische Kirche von 1898 und die sehenswerte Kammerschleuse am Kanal bewundern.

In Osterode (Ostroda) endet die Fahrt von Elbing auf dem Oberländer Kanal. Die gotische Burg von 1320 wurde wieder aufgebaut. Sehenswert ist auch die gotische Kirche des Heiligen Domenikus, die Kammerschleuse und der Hafen am Kanal.

Ein Abstecher nach Süden führt zum Denkmal der Schlacht bei Tannenberg. Die Ritter des Deutschen Ordens wurden 1410 in einer blutigen Schlacht von den verbündeten litauischen-polnischen Streitkräften vernichtend geschlagen. Der Hochmeister Ulrych von Jungingen fiel auf dem Schlachtfeld. Das Denkmal besteht aus einer Säule aus Granit, 30 Meter hohen Masten, einem Amphitheater mit Museum und Modell der historischen Schlacht.

Wir fahren von Osterode Richtung Allenstein (Olsztyn) und finden drei Übernachtungsmöglichkeiten in Altfinken (Stare Jablonki) und in Seebude (Dluzki). Der Rastplatz (**WP - 6**) hat viel von der Straße entfernte Parkfläche für Lkw, Busse und Pkw. Eine Tankstelle und ein Hotel und Restaurant vervollständigen das Angebot. An den Fernstraße in Polen sind einige solcher Rastplätze zu finden, die sich durchaus für eine Übernachtung eignen. Oft kann man auch Plätze an Feriensiedlungen anfahren, um dort für eine Nacht zu bleiben (WP - 7).

Das in Polen sehr seltene Wohnmobil-Symbol weist schon an der Straße auf den Stellplatz an einem Hotel in Seebude hin (**WP - 8**). Leider besteht die Zufahrt zu dem kleinen, aber idyllisch gelegenen Platz von beiden Richtungen nur aus Feldwegen. Anfahrt und Aufenthalt ist für große Mobile nicht möglich.

▼ Westpreußische Landschaft

▼ Westpreußische Landschaften ▲

82-200 Marienburg (Malbork) Westufer **  WP - 1

Parkplatz und **Wohnmobil- und Caravanplatz** am Westufer der Nogat in ruhiger und guter Lage.

Bei Anfahrt von Elbing (Elblag) auf der 22 Richtung Malbork und 4 km nach dem Ortsanfang rechts über die Brücke fahren (22). Nach 400 m rechts am Ufer abbiegen. Noch 600 m bis zum Platz links.
Koordinaten: 54° 2,47' Nord, 19° 1,43' Ost.

Blick auf Nogat und Marienburg.
Gaststätte in der Nähe. Müllbehälter am Platz.
Parkplatz auch für Busse und Pkw. Ganzjährig zugänglich.
Aufenthaltsdauer nicht begrenzt.
Ebene, asphaltierte Stellflächen für 20 Mobile oder Caravan.
Parkgebühr: 10 Zl. für 3 Stunden, 30 Zl. für die Nacht.
Eisenbahnlinie in der Nähe.
Besichtigung der Marienburg.
Montags eingeschränkte Besichtigung.
6 min Fußweg über Fußgängerbrücke.
15 min Fußweg zur Ortsmitte.
Besichtigung von Danzig: Rathaus, Katharinenkirche, Krantor, Fauentor, Frauengasse, Marienkirche, Königliche Kapelle, Grünes Tor, Lange Markt, Goldenes Haus, Artushof, Langgasse, Dom, Goldenes Tor, Denkmal der gefallenen Werftarbeiter.
Fahrt nach Elbing und zum Oberländer Kanal.
Ausflug zu den Masuren.

82-200 Marienburg (Malbork) Nogat-Ufer ***  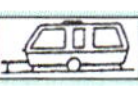 WP - 2

Parkplatz und **Wohnmobil- und Caravanplatz** am Nogatufer in ruhiger, schöner und guter Lage.

Bei Anfahrt von Elbing (Elblag) auf der 22 Richtung Malbork und 4 km nach dem Ortsanfang rechts über die Brücke fahren (22). Nach 400 m rechts am Ufer abbiegen. Noch 900 m bis zum Platz geradeaus.
Koordinaten: 54° 2,62' Nord, 19° 1,58' Ost.

Blick auf Nogat und Marienburg.
Gaststätte in der Nähe. Müllbehälter am Platz.
Parkplatz auch für Busse und Pkw. Ganzjährig zugänglich.
Aufenthaltsdauer nicht begrenzt.
Wohnmobile oft anzutreffen.
Ebene, asphaltierte Stellflächen für 20 Mobile oder Caravan.
Parkgebühr: 10 Zl. für 3 Stunden, 30 Zl. für die Nacht.
Eisenbahnlinie in der Nähe.
Besichtigung der Marienburg.
Montags eingeschränkte Besichtigung.
6 min Fußweg über Fußgängerbrücke
15 min Fußweg zur Ortsmitte.
Fahrt nach Elbing und zum Oberländer Kanal.
Besichtigung von Danzig: Rathaus, Katharinenkirche, Krantor, Fauentor, Frauengasse, Marienkirche, Königliche Kapelle, Grünes Tor, Lange Markt, Goldenes Haus, Artushof, Langgasse, Dom, Goldenes Tor, Denkmal der gefallenen Werftarbeiter.
Ausflug zu den Masuren.

82-200 Marienburg (Malbork) Marienburg **  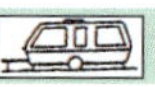 WP - 3

Parkplatz und **Wohnmobil- und Caravanplatz** an der Marienburg in ruhiger und guter Lage.

Bei Anfahrt von Elbing (Elblag) auf der 22 Richtung Malbork fahren und 3,5 km nach dem Ortsanfang rechts dem Wegweiser Zamek folgen. Noch 300 m (**Ul. Piastowa**).
Koordinaten: 54° 2,32' Nord, 19° 1,81' Ost.

Blick auf die Marienburg.
Häuser am Platz. Gaststätte in der Nähe.
Müllbehälter am Platz. Parkplatz auch für Busse und Pkw.
Ganzjährig zugänglich. Aufenthaltsdauer nicht begrenzt.
Ebene, befestigte Stellflächen für 10 Mobile oder Caravan.
Parkgebühr. Eisenbahnlinie in der Nähe.
Besichtigung der Marienburg.
  Montags eingeschränkte Besichtigung.
  3 min. Fußweg zum Eingang.
8 min. Fußweg zur Ortsmitte.
Fahrt nach Elbing und zum Oberländer Kanal.
Besichtigung von Danzig: Rathaus, Katharinenkirche,
  Krantor, Fauentor, Frauengasse, Marienkirche,
  Königliche Kapelle, Grünes Tor, Lange Markt,
  Goldenes Haus, Artushof, Langgasse, Dom,
  Goldenes Tor, Denkmal der gefallenen Werftarbeiter.
Fahrt nach Frauenburg. Ausflug zu den Masuren.

82-300 Elbing (Elblag) Stadtparkplatz * WP - 4

Parkplatz in der Stadt.

Von der 7 (Danzig-Elbing) Richtung Zentrum abbiegen (500). Nach 600 m links in die Ul. Zamkowa fahren. Noch 100 m bis zum Platz **Zamkowa 27**. Koordinaten: 54° 9,43' Nord, 19° 23,72' Ost.

Häuser am Platz. Gaststätte in der Nähe. Müllbehälter am Platz.
Parkplatz auch für Busse und Pkw. Ganzjährig zugänglich.
Tagsüber manchmal durch Pkw belegt.
Aufenthaltsdauer 24 Stunden.
Ebene, gepflasterte Stellflächen für 10 Mobile.
Parkgebühr. 5 min. Fußweg zur Stadtmitte.
Besichtigung von Elbing: Altstadt, Ruinen der Kreuzritterburg,
  St. Nikolai Dom, Markttor, Dominikanerkirche, Spital.
Fahrt auf den Oberländer Kanal nach Osterode.
Fahrt zur Marienburg und Besichtigung.
  Montags eingeschränkte Besichtigung.
Fahrt nach Frauenburg am Frischen Haff.
Besichtigung von Danzig: Rathaus, Katharinenkirche,
  Krantor, Fauentor, Frauengasse, Marienkirche,
  Königliche Kapelle, Grünes Tor, Lange Markt,
  Goldenes Haus, Artushof, Langgasse, Dom,
  Goldenes Tor, Denkmal der gefallenen Werftarbeiter.
Ausflug zu den Masuren.

14-400 Draulitten (Drulity) Oberländer Kanal **  WP - 5

Park- und Übernachtungsplatz an einer Anlegstelle des Kanals in sehr ruhiger und guter Lage.

Von der 7 (Elbing-Osterode) in Marzewo Richtung Buczyniek abbiegen. Nach 5,5 km - 1 km nach dem Ortsende Drulity - links zum Platz am Kanal abbiegen. Noch 100 m. Koordinaten: 53° 57,94' Nord, 19° 37,25' Ost.

Einsame Lage. Bootsanlegestelle am Platz.
Ganzjährig zugänglich.
Aufenthaltsdauer 24 Stunden.
Buchung einer Bootsfahrt erforderlich.
Keine Parkgebühr.
Ebene, teilweise befestigte Stellflächen für 5 Wohnmobile.
Fahrt mit dem Ausflugsboot über eine oder drei Stufen.
Rückkehr mit Boot oder Kleinbus.
Besichtigung von Elbing: Altstadt, Kreuzritterburg,
St. Nikolai Dom, Markttor, Dominikanerkirche, Spital.
Besichtigung der Marienburg.
Montags eingeschränkte Besichtigung.
Besichtigung von Osterode: Gotische Burg,
Dominikus-Kirche, Oberländer Kanal.
Besichtigung von Liebemühl: Glockenturm,
Kammerschleuse am Oberländer Kanal,
Besichtigung von Mohrungen, Preußisch Mark, Schönberg.
Besichtigung von Allenstein: Burg, Altes Rathaus, Jakobi-Kirche, Museum für Ermland und Masuren.
Besichtigung von Preußisch Holland: Burg, gotisches Rathaus, Pfarrkirche, Wehrmauer.

14-400 Buchwald (Buczyniec) Oberländer Kanal **  WP - 6

Park- und Übernachtungsplatz an einer Anlegstelle des Kanals in ruhiger und guter Lage.

Von der 7 (Elbing-Osterode) in Marzewo Richtung Buczyniec abbiegen. Nach 5,5 km - 900 m nach dem Ortsende Drulity - rechts zur 526 abbiegen. Nach 700 m links zum Platz am Kanal abbiegen.
Koordinaten: 53° 58,64' Nord, 19° 37,42' Ost.

Etwas einsame Lage. Bootsanlegestelle am Platz.
Ganzjährig zugänglich. Aufenthaltsdauer 24 Stunden.
Ebene, befestigte Stellflächen für 10 Wohnmobile. Parkgebühr.
Fahrt mit dem Ausflugsboot über eine oder drei Stufen.
Rückkehr mit Boot oder Kleinbus.
Besichtigung von Elbing: Altstadt, Kreuzritterburg,
St. Nikolai Dom, Markttor, Dominikanerkirche, Spital.
Besichtigung der Marienburg.
Montags eingeschränkte Besichtigung.
Besichtigung von Osterode: Gotische Burg,
Dominikus-Kirche, Oberländer Kanal.
Besichtigung von Liebemühl: Glockenturm,
Kammerschleuse am Oberländer Kanal,
Besichtigung von Mohrungen, Preußisch Mark, Schönberg.
Besichtigung von Allenstein: Burg, Altes Rathaus,
Jakobi-Kirche, Museum für Ermland und Masuren.
Besichtigung von Preußisch Holland: Burg,
gotisches Rathaus, Pfarrkirche, Wehrmauer.

14-133 Altfinken (Stare Jablonski) Rastplatz Orlen ** WP - 7

Parkplatz mit Rasthaus und Tankstelle in ruhiger Lage.

Von Osterode (Ostroda) Richtung Allenstein (Olsztyn) (16) fahren und nach 4 km rechts zur Raststätte abbiegen und zu den hinteren Plätzen durchfahren. Koordinaten: 53° 41,50' Nord, 20° 3,76' Ost.

Gasthaus am Platz.
Tankstelle am Platz.
Pkw- und Lkw-Parkplatz.
Straße in 200 m Entfernung.
Ganzjährig zugänglich.
Aufenthalt 24 Stunden. Keine Parkgebühr.
Ebene, asphaltierte oder befestigte Stellflächen für 5 Wohnmobile.
Besichtigung von Allenstein: Burg, Altes Rathaus, Jakobi-Kirche, Museum für Ermland und Masuren.
Besichtigung von Osterode: Gotische Burg, Dominikus-Kirche, Oberländer Kanal.
Besichtigung von Liebemühl: Glockenturm, Kammerschleuse am Oberländer Kanal.
Besichtigung von Mohrungen, Preußisch Mark, Schönberg.
Ausflug zur Masurischen Seenplatte.
Ausflug zum Denkmal der Schlacht bei Tannenberg.

▼ Am Schillingsee

14-133 Altfinken (Stare Jablonki) Kleiner Schillingsee ** WP - 8

Übernachtungsplätze an einer Ferienhaussiedlung in sehr ruhiger und schöner Lage.

Von Osterode (Ostroda) Richtung Allenstein (Olsztyn) (16) fahren und nach 5 km rechts dem Wegweiser Hotel Anders folgen. Nach 400 m über die Schiene fahren und rechts abbiegen. Nach 900 m links abbiegen. Noch 200 m bis zum Platz vor der Ferienhaussiedlung. Bei Anfahrt von Allenstein 1,5 km nach dem Ortsende Zawady Male links dem Wegweiser Hotel Anders folgen. Dann wie oben.
Koordinaten: 53° 41,50' Nord, 20° 3,76' Ost.

Blick auf den See. Gaststätte und Ferienhäuser am Platz.
Bänke und Müllbehälter am Platz.
Badestelle, Liegewiese und Bootsverleih am Platz.
Ganzjährig zugänglich. Aufenthalt 24 Stunden.
Ebene und schräge, gepflasterte Stellflächen für 5 Mobile.
Parkgebühr: 45 Zl. für 24 Stunden
Besichtigung von Allenstein: Burg, Altes Rathaus, St. Jakobi, Museum für Ermland und Masuren.
Besichtigung von Osterode: Gotische Burg, Dominikus-Kirche, Oberländer Kanal.
Besichtigung von Liebemühl: Glockenturm, Kammerschleuse,
Besichtigung von Mohrungen, Preußisch Mark und Schönberg.
Ausflug zur Masurischen Seenplatte.
Ausflug zum Denkmal der Schlacht bei Tannenberg.
Fahrt zur Masurischen Seenplatte.

14-036 Seebude (Dluzki) Hotel Andrys ** WP - 9

Übernachtungsplätze an einem Hotel in ruhiger und schöner Lage.

Von Osterode (Ostroda) Richtung Allenstein (Olsztyn) (16) fahren und nach 10,5 km links dem Wohnmobil-Symbol folgen. Noch 500 m bis zum Platz am Hotel auf einem festen Sandweg. Bei Anfahrt von Allenstein 100 m vor dem Ortsanfang Rapaty rechts dem Wohnmobil-Symbol folgen. Nach 500 m links dem Wegweiser Hotel Andrys folgen. Noch 300 m bis zum Platz auf weichem Sandweg.
Koordinaten: 53° 43,77' Nord, 20° 8,89' Ost.

Blick auf den See.
Hotel, Gaststätte und Häuser am Platz.
Müllbehälter am Platz.
Badestelle in der Nähe.
Parkgebühr.
Ganzjährig zugänglich. Aufenthalt einige Tage.
Befestigte Stellflächen für 3 kleine Wohnmobile.
Für große und nicht leichte Mobile
wegen Anfahrt auf Sandwegen nicht geeignet.
Besichtigung von Allenstein: Burg, Altes Rathaus,
St. Jakobi, Museum für Ermland und Masuren.
Besichtigung von Osterode: Gotische Burg,
Dominikus-Kirche, Oberländer Kanal.
Besichtigung von Liebemühl: Glockenturm, Kammerschleuse,
Besichtigung von Mohrungen, Preußisch Mark und Schönberg.
Ausflug zur Masurischen Seenplatte.
Ausflug zum Denkmal der Schlacht bei Tannenberg.
Fahrt zur Masurischen Seenplatte.

▼ Ansicht der Marienburg

▼ Fahrt auf dem Oberländer Kanal ▲

Sehenswerte Orte mit Stellplätzen

Sehenswerte Orte mit Parkplätzen

Tour 4

Eine märchenhafte Seenlandschaft

Masuren und Ostpreußen

Masuren und Ostpreußen

Tour 4: Die Masuren in Ostpreußen

Nr.	Ort, Bezeichnung		Stell-plätze	Gast-haus	Häu-ser	WC	Bad See	Orts-nähe	Ent-sorg.	Park-dauer	Park-gebühr
			A					B		C	D
OP - 1	**Reuschendorf, Seeblick ****	30	+	+	+	-	x	+		U	10
OP - 2	**Sensburg, Niekaten ****	5	+	-	+	-	x	-		1	P
OP - 3	**Nikolaiken, Wohnmobilplatz *****	10	+	+	+	-	3	+		U	6
OP - 4	Krutinnen, Wasserwanderplatz **	10	-	-	-	-	x	-		1	0
OP - 5	Niedersee-Nieden, Hafen ***	10	+	+	-	-	8	-		1	0
OP - 6	Lötzen, Ortsparkplatz *	20	+	+	-	-	12	-		1	0
OP - 7	**Haarschen, Wohnmobilplatz ****	20	+	+	+	+	x	+		U	11
OP - 8	Paßdorf, Mauerwald ***	10	-	-	-	-	x	-		1	P
OP - 9	Görlitz, Wolfschanze ***	20	+	-	+	-	x	-		1	8
OP - 10	**Heiligelinde, Busparkplatz *****	10	+	+	+	-	x	-		1	2
OP - 11	Heiligelinde, Kloster **	5	+	+	-	-	x	-		1	0

Legende

****	sehr ruhige und sehr schöne Lage.
***	sehr ruhige und schöne Lage.
**	ruhige und gute Lage.
*	keine ruhige Lage.
A	Stellplätze gestaffelt nach 3, 5, 10, 20, 30, 50 Wohnmobilen. Dabei wird angenommen, dass nur die Hälfte des Platzes zur Verfügung steht und die andere Hälfte durch PKW belegt ist.
B	Fußweg in Minuten, x über 15 min Fußweg.
C	Aufenthaltsdauer in Tagen.
D	Stellplatzgebühr in Euro (von Zloty umgerechnet) pro Mobil und 24 Stunden oder Parkgebühr.
P	Parkgebühr in der Saison.
T	Aufenthaltsdauer einige Tage.
U	Aufenthaltsdauer unbegrenzt.

Parkplatz   Wohnmobil-Stellplatz

Eine märchenhafte Seenlandschaft

Masuren und Ostpreußen

Tour 4

Allenstein (Olsztyn) ist die größte Stadt in der Provinz (Woiwodschaft) Masuren-Ermland (Mazury-Warmia). Nach den Zerstörungen im Zweiten Weltkrieg entstand eine gelungene Baumischung aus alten und neuen Gebäuden. In der Altstadt sind der Marktplatz, die dreischiffige Backsteinkirche St. Jacobi (Kosciol Sw. Jakuba) mit einem freistehenden, 67 Meter hohen Turm und dem neogotischen Hauptaltar aus dem 19. Jahrhundert und das Alte Rathaus (Stary Rathus) von 1620 einen Besuch wert.

Die bedeutendste Sehenswürdigkeit ist die Burganlage (Zamek) am Ufer des Flusses aus dem 14. Jahrhundert. Ein 40 Meter hoher Rundturm bestimmt die dreiflügelige Anlage mit einer zweifachen Wehrmauer. Anfang des 16. Jahrhunderts wohnte der berühmte Astronom und Mathematiker Nikolaus Kopernikus auf der Burg. In der Burg stellt das Museum für Ermland und Masuren (Muzeum Warmii i Mazur) nicht nur Exponate zur Entwicklung der Region aus, sondern auch Gegenstände und Unterlagen des Kopernikus, unter anderem die kostbare Astronomietafel, mit deren Hilfe der Gelehrte die Tag- und Nachtgleiche feststellte.

Die Masurische Seenplatte ist ein Paradies für Segler, Kanuten, Schwimmer, Angler, Wanderer, Radfahrer und Naturfreunde. In den Sommermonaten besuchen Touristen und Ausflugsgäste die Städte und Seen in den Masuren, im Winter kehrt wieder Ruhe in den Ortschaften und Stille in der Landschaft ein.

▼ Der Niedersee in den Masuren

Stellplätze für Wohnmobile finden wir in Reuschendorf (**OP - 1**) und in Sensburg (**OP - 2**). Wir schlagen unser Quartier in Nikolaiken zentrumsnah auf einem schönen Stellplatz auf (**OP - 3**), bummeln zwischen den vielen Restaurants und Booten die Hafenpromenade entlang und besichtigen die schlichte evangelische Kirche. Noch sind nicht viele Sommergäste da, aber auch für vier Personen kocht man uns vorzügliche Fischgerichte. Am nächsten Morgen weckt uns das Glockenspiel der Kirche - es werden neben dem Glockengeläut auch Kirchenlieder gespielt – und die Sonne lacht uns vom Himmel, gerade passend für unsere Schiffsreise bis Nida. Wir erfahren an Bord in deutscher Sprache alles über Flora und Fauna rund um die Masurische Seenplatte, sehen, wie die Biber fleißig am Ufer gearbeitet haben, betrachten die uns begleitenden Wasservögel und bewundern den Kapitän, der sicher das Schiff durch die sehr enge Schleuse bugsiert. Die Sicht in die malerische Landschaft mit ihren Schilfzonen und Fischern, die ihre Netze kontrollieren, bezaubert uns. Man kann, wenn man gewillt ist abzuschalten, die Stille spüren. Segelboote kreuzen neben uns und ein Freizeitkapitän, der noch etwas üben muss, hätte uns ohne das flinke Einlegen des Rückwärtsgangs durch unseren Kapitän fast gerammt. Südlich von Nida, in der Johannesburger Heide ist man bemüht, Lux und Wolf wieder anzusiedeln.

Parkplätze für die Übernachtung sind am Wasserwanderplatz in Krutinnen (OP - 4) und am Hafen von Niedersee-Nieden (OP - 5) vorhanden. Die Stadt Lötzen (Gizycko) liegt auf einer Landenge zwischen drei Seen, zwischen Löwentinsee, Kissainer See und Mauersee. Alles dreht sich um den Wassersport, Segel- und Surfschulen, Bootsverleih, Kajak- und Kanusport, Schiffsreparaturbetriebe und Ausrüstungsgeschäfte. Im Ort sind die Reste einer Burg und die historische Schwenkbrücke über einen Kanaldurchstich sehenswert. Auf dem zentrumsnahen Großparkplatz kann man sein rollendes Heim für eine Nacht abstellen (OP - 6).

Zwischen Dargainen See und Mauer See hat man auf einem privaten Wohnmobilplatz alle Möglichkeiten, für einige Tage zu verweilen und auszuruhen oder Sport zu betreiben (**OP - 7**). Eine Gaststätte, Stromversorgung, sanitäre Anlagen und Ver- und Entsorgungsmöglichkeiten sind vorhanden. Die Badestelle am See lädt zum Planschen und Schwimmen ein. Wander- und Radwege führen in die Seenlandschaften und zu sehenswerten Orten.

▼ In Nikolaiken

Einen Blick in die düstere deutsche Vergangenheit können wir an der Wolfsschanze, Hitlers Hauptquartier, bei dem Dorf Görlitz (Gierloz) in der Nähe von Rastenburg (Ketrzyn) erleben. Meterdicke Betonmauern, die die Sprengungen teilweise überstanden haben, erinnern an die dunkle Vergangenheit. Hier, wo das Attentat auf Hitler scheiterte, ist auch der Widerstand dokumentiert. Der Wald rundum, sonnendurchflutet, mildert die trübe Stimmung. Wir schließen uns einer geführten Tour an und lassen uns die Bedeutung und das Geschehen in der Zeit des Zweiten Weltkriegs erklären. Der zwei Kilometer lange Rundweg führt auch am Ort des missglückten Attentats auf Hitler durch Graf Schenk von Stauffenberg am 17. Juli 1944 vorbei. Die Überreste der 1944 gesprengten Bunkeranlagen von Hitlers Hauptquartier Wolfschanze sind heute eine touristische Attraktion. Übernachtungsmöglichkeiten findet man auf den beiden Parkplätze am Eingang der Bunkeranlagen des Oberkommandos des Heeres (OP - 8) und am Eingang zu Hitlers Hauptquartier Wolfschanze (OP - 9).

Weithin ist in Heiligelinde die gelbe Barockfassade der Wallfahrtskirche sichtbar (Swieta Lipka). Kirche, Kloster und Kreuzgang wurden 1694 durch die Jesuiten errichtet. Prunkvoll wurde die Fassade der dreischiffigen Basilaka mit zwei flankierenden Türmen gestaltet. Zwischen den Türmen thront eine Skulptur der Mutter Jesu mit der heiligen Linde. Von der Ausstattung im Inneren der Klosterkirche beeindruckt uns am meisten der dreistöckige Hauptaltar mit dem Gemälde der Mutter Gottes, 1640 gestaltet und gemalt von Bartholomäus Pens, die großartige Orgel von Johann Mosengel und die Schnitzfiguren Gottesmutter, Erzengel Gabriel und Engel, die sich bewegen, wenn die Orgel erklingt.

Nicht weit entfernt können wir in Heiligelinde unsere Mobile wieder auf einem großen bewachten Parkplatz mit Frischwasserbrunnen abstellen (**OP - 10**). Es ist nur ein kurzer Abendspaziergang am Friedhof vorbei, auf dem, wie überall in Polen zu sehen, alle Gräber mit täuschend echt aussehenden, bunten Plastikblumen geschmückt sind.

Der Hitler-Bunker in der Wolfschanze

Wir haben an diesem Abend noch drei wunderbare Urlaubserlebnisse: In der barocken Kirche, einer dreischiffigen Basilika, findet auf der riesigen Orgel aus dem frühen 18. Jahrhundert ein Konzert statt. Alle geschnitzten Figuren, Erzengel Gabriel, Maria und Engel bewegen sich und der Klang erfasst den riesigen Raum und ist überwältigend. Als wir die Basilika verlassen, fährt eine Hochzeitsgesellschaft vor, Alt und Jung fein herausgeputzt, jedoch ohne feste Kleiderordnung, warten auf das Brautpaar und schreiten gemeinsam zum Traualtar. Das dritte Erlebnis an diesem Abend? Ein gutes, erfrischendes Piwo (Bier) und ein liebevoll zubereitetes, preiswertes Abendessen mit Blick auf die Kirche, Kreuzgang und Kloster. Auch der Parkplatz vor der Wallfahrtskirche eignet sich an normalen Tagen ohne eine größere Veranstaltung wie Prozession, Predigt, Konzert, Hochzeit für eine Übernachtung (OP - 11).

Im nahen Rastenburg besuchen wir die Ordensburg (Zamek Krzyzacki) im historischen Zentrum. Sehenswert ist auch die gotische Wehrkirche St. Georg (Basilika Minor Sw. Jerzego) aus dem 14. Jahrhundert mit Glockenturm, Kristallgewölbe und Kanzel. Im Gebiet der Masuren könnte man noch weitere sehenswerte Orte aufsuchen, z. B. Angerburg, Dornhofstädt, Barten, Rössel, Gallingen, Bischofstein, Rhein, Sorquitten Ortelsburg, Johannisburg. Leider sind Übernachtungs- und Wohnmobilplätze sehr selten zu finden. Ausweichmöglichkeiten bestehen aber immer auf Campingplätzen, bei Hotels und Gaststätten und an Bauernhöfen. Wir allerdings lenken unser rollendes Ferienhaus wieder heimwärts nach Westen.

Vielleicht haben Sie Lust bekommen, unsere dreiwöchige Tour nachzufahren. Ohne Kenntnis der polnischen Sprache haben wir ohne Probleme preiswert und gut gegessen, auf Park- und Stellplätzen ruhig geschlafen, die reizvollen Städte und die unberührte Natur bewundern können. Bei genügend Zeit sollte man sich hier und da nicht nur einen Tag aufhalten, es lohnt sich. Wir hätten gern noch mehr von den alten deutschen Adelssitzen und den Kirchen und Klöstern, die fast immer „Marienkirche" heißen angeschaut.

Es ist festzuhalten, dass wir freundliche Menschen getroffen haben, die allerdings selten Deutsch sprachen. Auch die Straßenschilder haben leider keine deutschen Namen mehr. Der goldene Sternenkranz auf blauem Untergrund deutet immer wieder darauf hin, dass die Straßen, Plätze und Baudenkmäler mit Hilfe der EU erneuert worden sind. Die oft noble, rote Pflasterung der Fahrradwege fanden wir ein bisschen zu kostspielig. Die Preise für Lebensmittelprodukte, Restaurantbesuche und Besichtigungen lagen weit unter den in Deutschland zur Zeit gültigen. Also bald aufbrechen zu einer Reise durch Polen, bevor die Preise nach oben schnellen, wir haben es ausprobiert!

▼ Auf dem Spirding See

11-700 Reuschendorf (Ruska Wies) Seeblick **  OP - 1

Wohnmobil- und **Caravanplatz** an einem Ferienhaus am Salentsee in ruhiger und schöner Lage.

Von Sensburg Richtung Rastenburg fahren (591) und nach 8 km rechts abbiegen und dem Wegweiser Marian und Barbara Mieczkowski folgen (**Ruska Wies 1**). Koordinaten: 53° 56,55' Nord, 21° 19,15' Ost.

Gaststätte und Pension am Platz.
Ver- und Entsorgung und WC am Platz.
Stromanschluss möglich. Müllbehälter am Platz.
Grillplatz, Spielplatz und Badestelle am Platz.
Frühstückservice möglich. Aufenthaltsraum vorhanden.
Ganzjährig zugänglich. Aufenthalt nicht begrenzt.
Ebene Stellflächen auf Wiesengelände für 30 Wohnmobile.
Parkgebühr: 45 Zl. für 24 Stunden
inklusive Ver- und Entsorgung und Strom.
Segeln, Surfen und Rudern auf dem See. Bootsverleih.
Angeln am See. Rundfahrten mit dem Kleinbus
zu gewünschten Sehenswürdigkeiten.
Besichtigung von Sensburg: Rathaus von 1824,
evangelische Kirche, Museum des Sensburger Landes.
Besichtigung von Rhein: gotische Burg,
holländische Windmühle.
Besichtigung von Nikolaiken: Ev. Kirche,
Hafen, See-Promenade.
Besichtigung von Allenstein: Burg, Altes Rathaus,
Jakobi-Kirche, Museum für Ermland und Masuren.
Fahrt durch das Gebiet der Masurischen Seenplatte.
Informationen: Tel. 00 48 - (0) 89 - 7 41 31 55.
www.campingpension.de.

11-700 Sensburg (Mragowo) Niekaten **  OP - 2

Übernachtungsplatz an einem Rasthaus in ruhiger und schöner Lage.

Von Sensburg Richtung Augustow fahren (16) und nach 2 km an der Abzweigung der 59 geradeaus fahren und nicht der 16 folgen. Nach 1,4 km rechts zum Rasthaus abbiegen und nach unten durchfahren. Koordinaten: 53° 49,69' Nord, 21° 18,31' Ost.

Gaststätte und Hotel am Platz.
Bänke und Tische am Platz.
Sanitäre Anlage und Müllbehälter am Platz.
Ganzjährig zugänglich. Aufenthalt 24 Stunden.
Ebene, befestigte und gepflasterte Stellflächen für 5 Mobile.
Parkgebühr.
Besichtigung von Sensburg: Rathaus von 1824,
ev. Kirche aus dem 18. Jahrhundert,
Museum des Sensburger Landes.
Besichtigung von Rhein: gotische Burg, holländische Windmühle.
Besichtigung von Nikolaiken: Ev. Kirche, Hafen, See-Promenade.
Besichtigung von Allenstein: Burg, Altes Rathaus,
Jakobi-Kirche, Museum für Ermland und Masuren.
Fahrt durch das Gebiet der Masurischen Seenplatte.

11-700 Nilolaiken (Mikolajki) Wohnmobilplatz ***  OP - 3

Wohnmobilplatz am Ortsrand mit jungen Baumreihen in sehr ruhiger und schöner Lage.

Von Allenstein/Sensburg Richtung Augustow fahren (16) und 1,4 km nach dem Ortsanfang rechts dem Wohnmobil-Symbol folgen. Noch 200 m bis zum Platz rechts.
Koordinaten: 53° 48,23' Nord, 21° 34,35' Ost.

Gaststätten und Häuser am Platz. Geschäfte in der Nähe.
Bänke und Tische am Platz.
WC, Dusche (Gebühr 10 Zl.) und Müllbehälter am Platz.
Ver- und Entsorgung am Platz. Stromanschluss möglich.
Ganzjährig zugänglich. Wohnmobile meistens anzutreffen.
Aufenthaltsdauer unbegrenzt.
Befestigte Stellflächen und Grasflächen für 10 Wohnmobile.
Parkgebühr: 25 Zl.
3 min. Fußweg zur Ortsmitte und zum Hafen.
Schiffsrundfahrten auf verschiedenen Seen.
Besichtigung von Nikolaiken: Hafenpromenade, Stadtbild, evangelische Kirche von 1840.
Besichtigung von Rhein: gotische Burg, holländische Windmühle.
Besichtigung von Sensburg: Rathaus von 1824, evangelische Kirche, Museum des Sensburger Landes
Besichtigung von Allenstein: Burg, Altes Rathaus, Jakobi-Kirche, Museum für Ermland und Masuren.
Fahrt durch das Gebiet der Masurische Seenplatte.

11-700 Krutinnen (Krutyn) Wasserwanderparkplatz ** OP - 4

Parkplatz im Wald an einem Fluss in sehr ruhiger und schöner Lage.

Von der 610 (Niedersee-Petschendorf) 4 km nach Ukla Richtung Sensburg links Richtung Krutinnen und nach 300 rechts zum Platz abbiegen Koordinaten: 53° 42,15' Nord, 21° 26,35' Ost.

Einsame Lage.
Kanuanlegestelle und Kanuverleih am Platz.
Müllbehälter am Platz. Ganzjährig zugänglich.
Aufenthaltsdauer 24 Stunden.
Befestigte Stellflächen für 10 Wohnmobile.
Keine Parkgebühr.
Wandern und Radfahren in der Johannisburger Heide.
Ausflug zum Tiergehege Einsiedeln (Kadzidlowo).
Schiffsausflug von Niedersee-Nieden.
Besichtigung von Nikolaiken: Hafenpromenade, Stadtbild, evangelische Kirche von 1840.
Besichtigung von Rhein: gotische Burg, holländische Windmühle.
Besichtigung von Sensburg: Rathaus von 1824, evangelische Kirche, Museum des Sensburger Landes.
Besichtigung von Allenstein: Burg, Altes Rathaus, Jakobi-Kirche, Museum für Ermland und Masuren.
Fahrt durch das Gebiet der Masurische Seenplatte.

12-220 Niedersee-Nieden (Ruciane-Nida) Hafen *** OP - 5

Parkplatz am Hafen in sehr ruhiger und schöner Lage.

Von der 68 (Szczytno-Pisz) in Ruciane-Nida zum See und Hafen abbiegen. Noch 300 m bis zum Platz am Hafen. Koordinaten: 53° 38,85' Nord, 21° 34,09' Ost.

Blick auf den Hafen und den See.
Gaststätten und Häuser am Platz. Geschäfte in der Nähe.
Müllbehälter am Platz.
Ganzjährig zugänglich.
Aufenthaltsdauer 24 Stunden.
Befestigte ebene und leicht schräge Flächen für 10 Mobile.
Keine Parkgebühr. 8 min. Fußweg zur Ortsmitte.
Schiffsrundfahrten auf verschiedenen Seen.
Besichtigung von Nikolaiken: Hafenpromenade, Stadtbild, evangelische Kirche von 1840.
Besichtigung von Sensburg: Rathaus von 1824, evangelische Kirche, Museum des Sensburger Landes.
Besichtigung von Rhein: gotische Burg, holländische Windmühle.
Besichtigung von Allenstein: Burg, Altes Rathaus, Jakobi-Kirche, Museum für Ermland und Masuren.
Fahrt durch das Gebiet der Masurischen Seenplatte.

11-500 Lötzen (Gizycko) Ortsparkplatz * OP - 6

Großparkplatz im Ort.

Bei Anfahrt von Sensburg (Mragowo) Richtung Lötzen fahren (59) und am nördlichen Kreisel - 4,7 km nach dem Ortsanfang - rechts Richtung Centrum abbiegen. Nach 1,1 km rechts dem P-Schild folgen. Noch 100 m bis zur Zufahrt links. Weniger steile Zufahrt gegenüber. Koordinaten: 54° 2,42.' Nord, 21° 46,16' Ost.

Gaststätten und Häuser am Platz. Geschäfte in der Nähe.
Müllbehälter am Platz.
Ganzjährig zugänglich.
Aufenthaltsdauer 24 Stunden.
Ebene Asphaltplatten als Stellflächen für 20 Wohnmobile.
Keine Parkgebühr.
12 min. Fußweg zur Ortsmitte.
Schiffsrundfahrten vom Hafen auf verschiedenen Seen.
Besichtigung von Lötzen: Hafen, Deutschordens-Burg, evangelische Kirche, Festung, handbetätigte Drehbrücke.
Besichtigung von Angerburg: Hafen, Burg des Deutschen Ordens, spätgotische Kirche.
Besichtigung von Rhein: gotische Burg, holländische Windmühle.
Besichtigung von Nikolaiken: Hafenpromenade, Stadtbild, evangelische Kirche von 1840.
Fahrt durch das Gebiet der Masurischen Seenplatte.

11-619 Haarschen (Harsz) Wohnmobilstellplatz **  OP - 7

Wohnmobil- und **Caravanplatz** am Seeufer in ruhiger und schöner Lage.

Von der 63 (Lötzen-Angerburg) in Großgarten (Pozezdrze) Richtung Haarschen/Steinort abbiegen. Noch 8 km bis zum Platz zwischen Mauersee und Dargainen See. Koordinaten: 54° 8,82.' Nord, 21° 44,87' Ost.

Gaststätte am Platz.
Ver- und Entsorgung und Müllbehälter am Platz.
Stromanschluss am Platz. Gebühr 2 Euro.
WC und sanitäre Anlagen am Platz. Spielplatz und Badestelle am Platz. 01.05. bis 30.09. zugänglich. Wohnmobile oft anzutreffen. Aufenthaltsdauer nicht begrenzt.
Ebene und leicht schräge Stellflächen auf Grasgelände für 20 Wohnmobile oder Caravan.
Stellplatzgebühr: 7 Euro in der Haupt-, 6 Euro in der Nebensaison. 2 Euro pro Person.
Angeln am Mauersee und am Dargainen See.
Wassersport auf den Seen. Bootsverleih in der Nähe.
Kanutouren auf mehreren Seen und der Sapina.
Wanderungen und Radtouren im Gebiet der Masuren.
Besichtigung der Bunkeranlagen Mauerwald mit Aussichtsturm.
Besichtigung von Steinort: Palast, Gutshof, Park mit Pavillon.
Besichtigung von Lötzen: Hafen, Deutschordens-Burg, evangelische Kirche, Festung, handbetätigte Drehbrücke.
Besichtigung von Angerburg: Hafen, Burg des Deutschen Ordens, spätgotische Kirche.

11-600 Paßdorf (Przystan) Mauerwald *** OP - 8

Parkplatz am Eingang Mauerwald der Bunkeranlagen in sehr ruhiger und schöner Lage.

Bei Anfahrt von Angerburg (650) vor der Bahnunterführung links Richtung Paßdorf abbiegen. Nach 3,4 km links zum Parkplatz abbiegen (sehr schlechte Straße). Koordinaten: 54° 11,00' Nord, 21° 39,04' Ost.

In der Nacht einsame Lage. Souvenirladen am Platz.
Müllbehälter am Platz. Ganzjährig zugänglich.
Aufenthaltsdauer 24 Stunden.
Ebene und schräge Stellflächen für 10 Wohnmobile auf Wiese und festem Sand. Parkgebühr.
Besichtigung der Bunkeranlagen des Heeres mit Aussichtsturm.
Besichtigung der Bunkeranlagen Wolfschanze.
Besichtung von Barten: Ordensburg, gotische Kirche, Pfarrei.
Besuch von Rastenburg: Burg des Deutschen Ordens, St. Georgskirche (Festungskirche), Reste der Stadtmauer.
Besuch des Klosters Heiligelinde.
Besichtigung von Angerburg: Hafen, Burg des Deutschen Ordens, spätgotische Kirche.
Besichtigung von Lötzen: Hafen, Deutschordens-Burg, evangelische Kirche, Festung, handbetätigte Drehbrücke.
Fahrt durch das Gebiet der Masurische Seenplatte.

▼ Bunkeranlage in der Wolfschanze

14-260 Görlitz (Gierloz Polska) Wolfschanze *** OP - 9

Parkplatz am Eingang Wolfschanze in sehr ruhiger und schöner Lage.

Bei Anfahrt von Rastenburg (Ketrzyn) (592) Richtung Lötzen (Gizycko) fahren und 2,3 km nach dem Kreisverkehr links Richtung Wolfschanze abbiegen und nach 5,8 km links zum Parkplatz abbiegen.
Koordinaten: 54° 4,77' Nord, 21° 29,65' Ost.

In der Nacht einsame Lage. Aufenthaltsdauer 24 Stunden.
Gaststätte, Kiosk und Souvenirläden am Platz.
WC und Müllbehälter am Platz. Ganzjährig zugänglich.
Asphaltierte, ebene Stellflächen für 20 Wohnmobile.
Parkgebühr: 10 Zl. für 24 Stunden und Mobil,
10 Zl.pro Person.
Besichtigung der Bunkeranlagen Wolfschanze. Rundweg 2 km.
Führungen durch die Bunkeranlagen.
Besichtung von Barten: Ordensburg,
gotische Kirche, Pfarrei.
Besuch von Rastenburg: Burg des Deutschen Ordens,
St. Georgskirche (Festungskirche), Reste der Stadtmauer.
Besuch des Klosters Heiligelinde.
Besichtigung von Angerburg: Hafen,
Burg des Deutschen Ordens, spätgotische Kirche.
Besichtigung von Lötzen: Hafen, Deutschordens-Burg,
evangelische Kirche, Festung, handbetätigte Drehbrücke.
Fahrt durch das Gebiet der Masurische Seenplatte.

14-260 Heiligelinde (Swieta Lipka) Busparkplatz *** OP - 10

Parkplatz und **Übernachtungsplatz** für Busse, Pkw und Wohnmobile in ruhiger und schöner Lage.

Bei Anfahrt von Rastenburg (Ketrzyn) (594) Richtung Rössel (Reszel) fahren und 400 m nach dem Ortsanfang links zum Bus-Parkplatz abbiegen. Koordinaten: 54° 1,68' Nord, 21° 13,20' Ost.

Gaststätte und Souvenirläden in der Nähe. Häuser am Platz.
WC und Müllbehälter am Platz.
Frischwasserversorgung am Platz.
Bänke und Tische am Platz. Ganzjährig zugänglich.
Aufenthaltsdauer 24 Stunden.
Asphaltierte, ebene und schräge Stellflächen für 10 Mobile.
Parkgebühr: 10 Zl. für 24 Stunden und Mobil.
Besichtigung des Klosters: Barocke Bauten,
Innenausstattung, Orgel mit beweglichen Figuren.
Besuch von Rastenburg: Burg des Deutschen Ordens,
St. Georgskirche (Festungskirche), Reste der Stadtmauer.
Besichtung von Barten: Ordensburg, gotische Kirche, Pfarrei.
Besichtigung von Rössel: Burg der Ermländer Bischöfe,
gotische Kirche, Rathaus, Reste der Stadtmauer, Kloster.
Besichtigung der Bunkeranlagen Wolfschanze.
Besichtigung von Sensburg: Rathaus von 1824,
evangelische Kirche, Museum des Sensburger Landes.
Fahrt nach Angerburg und Lötzen.
Fahrt durch das Gebiet der Masurischen Seenplatte.

14-260 Heiligelinde (Swieta Lipka) Kloster ** OP - 11

Parkplatz vor dem Kloster in ruhiger und schöner Lage.

Bei Anfahrt von Rastenburg (Ketrzyn) (594) Richtung Rössel (Reszel) fahren und 700 m nach dem Ortsanfang links zum Parkplatz abbiegen. Noch 100 m bis zum Platz rechts.
Koordinaten: 54° 1,68' Nord, 21° 13,20' Ost.

Gaststätte und Souvenirläden am Platz.
Häuser am Platz.
Müllbehälter am Platz. Ganzjährig zugänglich.
Aufenthaltsdauer 24 Stunden.
Asphaltierte, ebene Stellflächen für 5 Wohnmobile.
Keine Parkgebühr.
Besichtigung des Klosters: Barocke Bauten, Innenausstattung, Orgel mit beweglichen Figuren.
Besuch von Rastenburg: Burg des Deutschen Ordens, St. Georgskirche (Festungskirche), Reste der Stadtmauer.
Besichtigung von Rössel: Burg der Ermländer Bischöfe, gotische Kirche, Rathaus, Reste der Stadtbefestigung, Kloster.
Besichtigung der Bunkeranlagen Wolfschanze.
Besichtigung von Sensburg: Rathaus von 1824, evangelische Kirche, Museum des Sensburger Landes.
Fahrt nach Angerburg und Lötzen.
Fahrt durch das Gebiet der Masurische Seenplatte.

▼ Denkmal der Bischöfe

In einer Schleuse

Auf einem masurischen See

Angermünde Sehenswerte Orte mit Stellplätzen

Pasewalk Sehenswerte Orte mit Parkplätzen

Tour 5

Deutschlands Nordostgrenze

Tour 5: Deutschlands Nordostgrenze

Nr.	Ort, Bezeichnung	Stell-plätze	Gast-haus A	Häu-ser	WC	Bad See	Orts-nähe	Ent-sorg. B	Park-dauer C	Park-gebühr D
DO - 1	**Anklam, Peene ****	10	+	+	+	-	5	+	1	9
DO - 2	**Mönkebude, Strand *****	20	+	+	-	+	x	+	1	9
DO - 3	**Altwarp, Hafengasse *****	20	+	+	+	-	x	+	1	9
DO - 4	**Rieth, Caravanplatz ****	3	+	+	+	-	x	+	U	12
DO - 5	**Neubrandenburg, Wassersport *****	15	+	+	-	-	x	+	U	8
DO - 6	**Neubrandenburg, Augustabad *****	10	+	-	+	+	x	+	1	5
DO - 7	**Wesenberg, Marina ****	30	-	-	+	-	x	-	T	7
DO - 8	**Priepert, Wohnmobilpark *****	20	-	-	+	+	x	+	U	7
DO - 9	**Fürstenberg/Havel, Marina *****	50	+	+	+	-	x	+	U	6
DO - 10	**Templin, Knehdener Straße *****	20	+	+	-	-	8	+	1	5
DO - 11	**Templin, Natur-Therme *****	5	+	-	-	+	x	-	1	0
DO - 12	**Angermünde, Blumbg. Mühle ****	5	-	-	-	-	x	-	1	5
DO - 13	**Niederfinow, Schiffshebewerk *****	10	+	+	-	-	x	-	1	P
DO - 14	**Bad Saarow, Moorwiese ***	5	-	+	-	-	x	-	1	0
HP - 20	**Leba, Nationalpark *****	20	-	-	-	-	x	-	1	1

Legende

****	sehr ruhige und sehr schöne Lage.
***	sehr ruhige und schöne Lage.
**	ruhige und gute Lage.
*	keine ruhige Lage.
A	Stellplätze gestaffelt nach 3, 5, 10, 20, 30, 50 Wohnmobilen. Dabei wird angenommen, dass nur die Hälfte des Platzes zur Verfügung steht und die andere Hälfte durch PKW belegt ist.
B	Fußweg in Minuten, x über 15 min Fußweg.
C	Aufenthaltsdauer in Tagen.
D	Stellplatzgebühr in Euro (von Zloty umgerechnet) pro Mobil und 24 Stunden oder Parkgebühr.
P	Parkgebühr in der Saison.
T	Aufenthaltsdauer einige Tage.
U	Aufenthaltsdauer unbegrenzt.

Parkplatz   Wohnmobil-Stellplatz

Auf dem Sprung zum Nachbarn

An Deutschlands Ostgrenze

Tour 5

In Mecklenburg-Vorpommern und in Brandenburg haben wir Stellplätze zusammengestellt, die sich sehr gut für eine Übernachtung vor der Einreise nach Polen oder für eine Übernachtung nach der Abreise aus Polen eignen. Selbstverständlich kann man diese Plätze auch für Besichtigungen, Einkäufe, Ausflüge oder für andere Aktivitäten nutzen. Auf einigen Stellplätzen ist auch ein längerer Aufenthalt für unbeschwerte Urlaubstage gestattet. Von hier aus kann man auch Tagesausflüge nach Hinterpommern (Westpommern) unternehmen oder Stettin und Danzig besuchen.

Wohnmobil-Stellplätze sind in Polen noch selten. Auf Parkplätzen, an Raststätten, auf 24 Stunden bewachten Plätzen, an Gaststätten und Hotels und auf Bauernhöfen findet man aber immer eine Bleibe für die Nacht. Der Wohnmobiltourismus ist in Polen im Aufbau.

▼ Stellplatz am Schiffshebewerk in Niederfinow

▼ Stellplatz an der Therme in Templin

17389 Anklam Peene ** DO - 1

Befestigter und unbefestigter **Übernachtungsplatz** am Peeneufer in ruhiger und schöner Lage.

Bei Anfahrt von Greifswald (B109) 600 m nach dem Ortsanfang links Richtung Pasewalk abbiegen. Nach 300 m vor dem Marktplatz links dem Parkplatzschild folgen. Noch 300 m bis zum Parkplatz rechts (**Am Bollwerk/Burgstraße**) Koordinaten: 53° 51,31' Nord, 13° 41,20' Ost.

Gaststätten und Geschäfte in der Nähe.
Häuser in der Nähe.
Wasserwander-Rastplatz in der Nähe.
Ver- und Entsorgung am Platz (Eigenbau).
Stromversorgung möglich. Gebühr 1,50 Euro.
Dusche (Gebühr 0,50 Euro) und WC am Platz.
5 min Fußweg zur Innenstadt.
Besichtigung von Anklam: Marienkirche, Pulverturm, Steintor, Reste der Wehranlagen.
Wandern und Radfahren am Peenestrom und Stettiner Haff.
Besichtigung von Wolgast, Usedom und Ueckermünde.
Stellmöglichkeiten für 10 Wohnmobile.
Ausweichparkplatz auf dem Marktplatz. Mittwochs Markt.
Parkgebühr: 9 Euro.
Informationen: Tel. (0 39 71) 21 06 45

17375 Mönkebude Strand *** DO - 2

Gepflasterter **Übernachtungsplatz** in der Nähe des Strandes in sehr ruhiger und schöner Lage.

Von Ueckermünde Richtung Ducherow/Grambin fahren und 700 m nach dem Ortsanfang Mönkebude rechts dem Wegweiser Strandpark und Hafen und dem Parkplatzschild folgen. Noch 100 m bis zum Parkplatz links. Von der B109 in Ducherow Richtung Ueckermünde abbiegen. 900 m nach dem Ortsanfang links dem Parkplatzschild folgen (**Am Kamp**).
Koordinaten: 53° 46,1' Nord, 13° 58,1' Ost.

Gaststätte und Geschäfte am Parkplatz.
Häuser am Parkplatz.
Wasserversorgung und Abwasserentsorgung am Platz.
Stromversorgung Gebühr 2 Euro.
Abfallkörbe am Parkplatz.
Sandstrand und Bootshafen in 300 m. Strandkorbverleih.
Wandern und Radfahren am Stettiner Haff.
Radwanderweg Stettiner Haff. Fahrradverleih in der Nähe.
Besichtigung von Ueckermünde: Schloss, Marienkirche mit Rokoko-Kanzel-Altar.
Schiffsfahrten auf dem Stettiner Haff und nach Kamminke auf Usedom. Besichtigung von Pasewalk und Anklam.
Stellmöglichkeiten für 20 Wohnmobile.
Parkgebühr: 8 Euro und 0,75 Euro Kurtaxe pro Person, Okt-März 6 Euro und Kurtaxe
Informationen: Hafenmeister Tel. (01 62) 4 79 99 43.

17375 Altwarp Hafengasse *** DO - 3

Wohnmobilplatz am Hafen in sehr ruhiger und schöner Lage.

Von Ueckermünde Richtung Bellin und Altwarp fahren und im Ort dem Wegweiser Hafen folgen (Sandweg). Zur **Hafengasse** abbiegen.
Koordinaten: 53° 44,29' Nord, 14° 16,22' Ost.

Gasthaus in der Nähe.
Häuser am Parkplatz.
Blick auf Hafen, Neuwarper See und Stettiner Haff.
Stromanschluss möglich.
Müllbehälter am Platz.
Ver- und Entsorgungsmöglichkeit (Bodeneinlass) am Platz.
WC und Dusche vorhanden. Gebühr 0,50 Euro.
Ganzjährig zugänglich.
Schiffsverbindungen nach Usedom und Ueckermünde.
Fährverbindung nach Neu Warp (Polen).
Wandern und Fahrradtouren am Stettiner Haff.
Fahrt nach Polen.
Stellplätze für 20 Mobile auf einer Wiese.
Stellplatzgebühr: 7 Euro pro Mobil. Je Person 1 Euro.
Informationen: Tel. (03 97 73) 2 03 15.
Internet: www.altwarp.de.

17375 Rieth Caravanplatz **   DO - 4

Wohnmobil- und Caravanplatz auf einem Hof an der Küste in ruhiger und schöner Lage.

Zum Stettiner Haff/Ahlbeck/Rieth fahren. Im Ort links abbiegen (Stieger Weg) und zur **Stiege 8** durchfahren. Koordinaten: 53° 41,52' Nord, 14° 14,18' Ost.

Gasthaus in der Nähe.
Häuser am Parkplatz.
Blick auf den Neuwarper See und das Stettiner Haff.
Stromanschluss möglich.
Müllbehälter am Platz.
Ver- und Entsorgungsmöglichkeit vorhanden.
WC und sanitäre Anlagen vorhanden.
Grillplatz und Räucherofen am Platz.
Bootsanlegestelle und Bootsverleih am Platz.
Ganzjährig zugänglich.
Aufenthaltsdauer nicht begrenzt
Wandern und Fahrradtouren am Stettiner Haff.
Fahrt nach Usedom.
Fahrt nach Polen.
Stellplätze für 3 Mobile oder Caravan auf einer Wiese.
Stellplatzgebühr: 12 Euro pro Mobil oder Caravan. Je Person 3 Euro.
Informationen: Tel. (03 97 73) 2 07 72.

17033 Neubrandenburg Wassersportzentrum ***  DO - 5

Wohnmobilplatz am Tollense-See in sehr ruhiger und schöner Lage.

Bei Anfahrt aus dem Norden von Greifswald 3,7 km nach dem Ortsanfang rechts fahren (Fahrgebot). Nach weiteren 1,7 km rechts Richtung Neustrehlitz abbiegen (B96). Nach weiteren 1,7 km rechts Richtung Wassersportzentrum/Mobil-Symbol abbiegen (Lindenstraße). Nach 100 m geradeaus fahren. Nach weiteren 400 m rechts dem Mobil-Symbol folgen (**Augustastraße 7**). Noch 200 m bis zur Einfahrt links.
Koordinaten: 53° 32,2' Nord, 13° 15,3' Ost.

Gaststätte und Häuser am Platz. Seeblick.
Ver- und Entsorgung am Platz (Sani-Service).
Gebühr Wasser, Entsorgung, Dusche je 1 Euro.
Stromanschlüsse vorhanden. Gebühr 1 Euro pro Tag.
Aufenthaltsdauer nicht begrenzt.
Im Winter nicht zugänglich.
Hafen und Bootsvermietung in der Nähe.
Besichtigung von Neubrandenburg: Stadttore, Stadtmauer, Backsteinkirchen.
Uferwanderweg. Wandern und Fahrradtouren in Seengebiet.
Fahrt nach Neustrehlitz und Fürstenberg.
Übernachtungsgebühr: 8 Euro für 24 Stunden.
Ebene Stellflächen auf festem Wiesengelände für 15 Mobile.
Informationen: Yachtclub Tel. (03 95) 3 69 46 71.

17033 Neubrandenburg Augustabad ***  DO - 6

Übernachtungsplatz am Strandbad Tollense-See in sehr ruhiger und schöner Lage.

Bei Anfahrt aus dem Norden 3,7 km nach dem Ortsanfang rechts fahren (Fahrgebot). Nach weiteren 1,7 km rechts Richtung Neustrehlitz abbiegen (B96). Nach weiteren 1,7 km rechts Richtung Augustabad abbiegen (**Lindenstraße**). Nach 100 m geradeaus fahren. Nach weiteren 1,1 km wird links der Platz nach dem Strandbad erreicht.
Koordinaten: 53° 31,9' Nord, 13° 14,9' Ost.

Gaststätte am Platz. Seeblick. Bänke und Tische am Platz.
Ver- und Entsorgung am Platz (Sani-Service). Gebühr 1 Euro.
Ganzjährig zugänglich.
Strandbad (Sandstrand und Liegewiese) mit Duschen und WC (kein Eintritt) am Platz.
Grillplatz vorhanden.
Spielplatz, Minigolf, Spielfelder und Trimmpfad am Platz.
Besichtigung von Neubrandenburg: Stadttore, Stadtmauer, Backsteinkirchen. Uferwanderweg um den See am Platz.
Wanderung und Fahrradtouren in Mecklenburger Seengebiet.
Fahrt nach Neustrehlitz und Fürstenberg.
Übernachtungsgebühr: 5 Euro für 24 Stunden.
Ebene und leicht schräge, befestigte Stellflächen für 10 Mobile.
Informationen: Tel. (03 95) 5 69 71 00.

17255 Wesenberg Marina ** DO - 7

Wohnmobilplatz an der Marina in sehr schöner Lage.

Von der B198 in Wesenberg Richtung Neustrehlitz/Ahrensberg/Marina fahren und nach der Überquerung des Kanals (Obere-Havel-Wasserstraße) zum Platz an der Marina abbiegen (**Ahrensberger Weg 11**).
Koordinaten: 53° 16,65' Nord, 12° 59,14' Ost.

Blick auf den See.
Schranke vor dem Platz.
Kiosk am Platz.
Abwasserentsorgung und Wasserversorgung. Gebühr 1 Euro.
Stromanschluss an den Stellflächen. Gebühr 2 Euro pro Nacht.
WC und Duschen in der Nähe. Gebühr 1 Euro.
Müllkorb am Platz.
Fahrrad- und Bootsverleih am Platz.
Angeln am See.
Ganzjährig zugänglich. Aufenthaltsdauer einige Tage.
Wassersport auf dem Wobitz-See. Slipanlage in der Nähe.
Besichtigung von Wesenberg: Burg Wesenberg, gotische Kirche.
Wandern und Fahrradtouren am Wobitz-See.
Fahrt nach Neustrehlitz.
Ebene Stellplätze für 30 Mobile auf Wiese.
Stellplatzgebühr: 7 Euro pro Mobil und 1,50 Euro pro Person.
Informationen: Tel. (03 98 32) 2 10 51.

17255 Priepert Wohnmobilpark ***  DO - 8

Wohnmobilpark am Großen Priepert See in sehr ruhiger und schöner Lage.

Bei Anfahrt aus dem Norden von Neustrehlitz (B96) 9,3 km nach dem Ortsende Neustrehlitz rechts Richtung Priepert abbiegen. Nach 5,8 km - 200 m vor dem Ortsanfang Priepert - rechts dem Wegweiser Wohnmobilpark folgen (**An der Freiheit**). Noch 300 m. Bei Anfahrt aus dem Süden von Fürstenberg 5,4 km nach dem Ortsende Fürstenberg links Richtung Priepert abbiegen. Dann wie oben.
Koordinaten: 53° 13,5' Nord, 13° 3,0' Ost.

Seeblick.
Etwas einsame Lage.
Ver- und Entsorgung und WC am Platz.
Stromanschlüsse vorhanden. Gebühr 1,50 Euro pro Tag.
Sanitäre Anlagen am Platz. Gebühr 3 Euro pro Tag.
Aufenthaltsdauer nicht begrenzt.
Bademöglichkeit in der Nähe.
Wanderung und Fahrradtouren im Seengebiet.
Fahrt nach Neustrehlitz, Neubrandenburg und Fürstenberg.
Stellplatzgebühr: 7 Euro für 24 Stunden einschließlich Ver- und Entsorgung.
Stellmöglichkeiten für 20 Wohnmobile.
Ebene und leicht schräge Stellflächen auf festem Wiesengelände.
Informationen: Sigrid Schade/Tim Holz Tel. (0 39 81) 20 42 67.

16798 Fürstenberg/Havel Marina *** DO - 9

Wohnmobilplatz am Schwedtsee in sehr ruhiger und schöner Lage.

Bei Anfahrt aus dem Norden von Neustrehlitz (B96) 600 m nach dem Ortsanfang links Richtung Lychen/Wohnmobilsymbol abbiegen (**Ravensbrücker Dorfstraße**). Nach 400 m halbrechts fahren. Noch 100 m bis zur Einfahrt rechts. Bei Anfahrt aus dem Süden 1,8 km nach dem Ortsanfang - 200 m nach dem Schloss - rechts Richtung Lychen abbiegen. Dann wie oben.
Koordinaten: 53° 11,7' Nord, 13° 9,1' Ost.

Gaststätte und Häuser am Platz.
15 min. Fußweg zur Ortsmitte.
Entsorgung (Bodeneinlass) und Wasserversorgung am Platz. Gebühr 2 Euro. WC und Duschen am Platz.
Stromanschlüsse vorhanden. Gebühr 2 Euro.
Aufenthaltsdauer nicht begrenzt. Ganzjährig zugänglich.
Boots- und Fahrradverleih am Platz.
Schiffsrundfahrt auf den Fürstenberger Seen.
Besichtigung von Fürstenberg: Schloss, Schlosspark, Kirche, Marktplatz, Wasserburg.
Draisinenfahrt nach Templin.
Wanderung und Fahrradtouren im Seengebiet.
Fahrt auf der Deutschen Tonstraße.
Fahrt nach Neustrehlitz, Neubrandenburg und Fürstenberg.
Übernachtungsgebühr: 6 Euro für 24 Stunden.
Ebene Stellflächen auf fester Wiese für 50 Mobile.
Informationen: Marina Fürstenberg Tel. (03 30 93) 3 92 03.

17268 Templin Knehdener Straße *** DO - 10

Wohnmobilplatz am Templinkanal in sehr ruhiger und schöner Lage.

Bei Anfahrt aus dem Westen von Fürstenberg/Lychen 700 m nach dem Ortsanfang (Lychener Straße) links Richtung Knehden abbiegen (**Knehdener Straße**). Nach 100 m rechts dem Wohnmobil-Symbol folgen. Noch 100 m bis zum Platz rechts.
Koordinaten: 53° 7,4 Nord, 13° 29,7' Ost.

Gaststätten in der Nähe. Häuser am Platz.
Spielplatz am Platz.
Blick auf den Templinkanal.
Ver- und Entsorgung am Platz (Holiday Clean). Gebühr 1 Euro.
Ganzjährig zugänglich.
8 min Fußweg zur Ortsmitte.
Besichtigung von Templin.
Wanderung und Fahrradtouren in Naturpark Uckermärkische Seen. Draisinenfahrt nach Fürstenberg.
Fahrt nach Fürstenberg.
Ausflug nach Berlin.
Übernachtungsgebühr: 5 Euro für 24 Stunden.
Parkautomat.
Leicht schräge, gepflasterte Stellflächen für 20 Wohnmobile.
Informationen: Templin Tel. (0 39 87) 26 31.

17268 Templin Natur-Therme *** DO - 11

Übernachtungsplätze auf in Abschnitten eingeteiltem Großparkplatz in sehr ruhiger und schöner Lage.

Bei Anfahrt aus dem Westen von Fürstenberg/Lychen 1,6 km nach dem Ortsanfang (Lychener Straße) links Richtung Prenzlau/Natur-Therme abbiegen (Friedrich-Engels-Straße). Nach 400 m rechts Richtung Dargersdorf/Natur-Therme abbiegen (Robert-Koch-Straße). Noch 2,1 km bis zum Platz rechts (**Dargersdorfer Straße**). Bei der Anfahrt aus dem Norden von Prenzlau 1,2 km nach dem Ortsanfang links in die August-Bebel-Sraße abbiegen. Nach 400 m links Richtung Dargersdorf fahren. Noch 2,1 km bis zum Platz rechts.
Koordinaten: 53° 6,1' Nord, 13° 31,6' Ost.

Gaststätte mit Biergarten am Platz.
Ver- und Entsorgung an der
Knehdener Straße (Holiday Clean).
Besuch der Natur-Therme. Bade-Landschaft,
Sauna, Therapie. Tageskarte 16 Euro, 2 Stunden 9 Euro.
Landschaftspark um die Therme.
Beleuchteter Rad- und Fußweg nach Templin.
3,2 km zur Ortsmitte. Ganzjährig zugänglich.
Besichtigung von Templin.
Fahrgastschiff auf dem Lübbesee.
Wanderung und Fahrradtouren in
Naturpark Uckermärkische Seen.
Draisinenfahrt nach Fürstenberg.
Fahrt nach Fürstenberg.
Ausflug nach Berlin.
Ebene und leicht schräge, gepflasterte Stellflächen für 5 Mobile.
Keine Parkgebühr.
Informationen: Tel. (0 39 87) 26 31.

16278 Angermünde Blumberger Mühle **  DO - 12

Übernachtungsplätze auf dem Besucherparkplatz am Nabu-Erlebniszentrum in sehr ruhiger Lage.

Von Angermünde nach Norden Richtung Prenzlau fahren (B198) und 2 km nördlich von Angermünde links Richtung Nabu-Erlebniszentrum/Blumberger Mühle/Schorfheide abbiegen.

Kiosk am Platz. Nabu-Informationszentrum am Platz.
Besuch der Ausstellungen. Ver- und Entsorgung in Planung.
Elektro-Anschlüsse vorgesehen.
Müllbehälter am Parkplatz.
Wanderungen und Radtouren im
Biosphärenreservat Schorfheide.
Ausflug zum Jagdschloss Hubertusstock am Werbellinsee.
Ausflug zum Kloster Chorin. Fahrt nach Berlin.
Parkgebühr: 5 Euro für 24 Stunden.
Stellmöglichkeiten für 5 Wohnmobile.
Ebene, befestigte Stellflächen.
Informationen: Tel. (0 33 31) 26 04 - 0, Fax 26 04 50.

16248 Niederfinow Schiffshebewerk *** DO - 13

Übernachtungsplätze auf einem in Abschnitte eingeteilten Parkplatz in sehr ruhiger und schöner Lage.

Bei Anfahrt aus dem Norden von Angermünde (B2) 1,5 km nach dem Ortsanfang Eberswalde links Richtung Oderberg/Niederfinow abbiegen. Nach weiteren 9,6 km rechts Richtung Niederfinow/Schiffshebewerk abbiegen. Nach 1,4 km - 900 m nach dem Ortsanfang - links zum Parkplatz abbiegen.
Koordinaten: 52° 50,8' Nord, 13° 56,5' Ost.

Gaststätte mit Biergarten, Kiosk, Imbiss und Häuser am Platz.
Ganzjährig zugänglich.
Besichtigung des Schiffshebewerkes, der Lieper Schleuse und der Klappbrücke in Niederfinow.
Besichtigung von Eberswalde.
Besuch des Zoos von Eberswalde.
Fahrt mit dem Fahrgastschiff durch das Schiffshebewerk.
Anlegestelle in der Nähe.
Wanderung und Fahrradtouren am Alten Finowkanal.
Bootstouren auf dem Alten Finowkanal.
Fahrt auf der Märkischen Eiszeitstraße.
Ausflug nach Berlin.
Ausflug zum Kloster Chorin und zum Biosphärenreservat Schorfheide.
Parkgebühr in der Saison.
Ebene, gepflasterte Stellflächen für 10 Wohnmobile.

Bad Saarow-Pieskow Moorwiese * DO - 14

Kleine **Übernachtungsplätze** am Rand einer Nebenstraße in ruhiger Lage.

Von der Ausfahrt Fürstenwald West (4) der A12 Richtung Bad Saarow fahren und nach 4,5 km - 100 m nach dem Ortsanfang - rechts dem Wohnmobil-Symbol folgen (**Ringstraße**). Noch 100 m bis zu den Parkbuchten rechts und links am Straßenrand.
Koordinaten: 52° 17,7' Nord, 14° 3,7' Ost.

Häuser in der Nähe.
Für große Wohnmobile nicht geeignet.
Müllkörbe am Platz.
Ganzjährig zugänglich. Aufenthaltsdauer 24 Stunden.
Wanderung und Fahrradtouren am Scharmützelsee.
Fahrt nach Frankfurt/Oder und nach Polen.
Ausflug nach Berlin.
Keine Parkgebühr.
Ebene, gepflasterte Stellflächen für 5 kleine oder mittlere Wohnmobile.
Ausweichparkplatz am Strand. 3,5 km nach der Ausfahrt rechts dem Wegweiser P Strand nachfahren. Keine ruhige Lage.
Wohnmobilplatz an der Saarow-Therme geplant.
Informationen: Tourismusverein Scharmützelsee, Tel. (03 36 31) 86 81 00.

Der Leuchtturm in Kolberg

Am Strand von Großmöllen

Stellplatzverzeichnis

Ort	Bezeichnung	Seite
Altfinken	**Kleiner Schillingsee**	**58**
Altfinken	Rastplatz Orlen	58
Altwarp (D)	**Hafengasse**	**79**
Angermünde (D)	**Blumberger Mühle**	**83**
Anklam (D)	**Peene**	**78**
Bad Saarow-Pieskow (D)	**Moorwiese**	**84**
Bohnsack	Strand	45
Bor	Ortsrand	42
Buchwald	**Oberländer Kanal**	**57**
Buczyniec	**Oberländer Kanal**	**57**
Chalupach	Plaza	39
Chalupy	Plaza	39
Dabki	**Bukowa See**	**31**
Danzig	Altstadt	44
Danzig	Westerplatte	45
Darlowko	Park Wodney	30
Darlowko	Strand	30
Darlowo	Bahnhof	29
Darlowo-Kopan	**Kopan See**	**31**
Dluzki	**Hotel Andrys**	**59**
Draulitten	**Oberländer Kanal**	**57**
Drulity	**Oberländer Kanal**	**57**
Elbing	Stadtparkplatz	56
Elblag	Stadtparkplatz	56
Fürstenberg (D)	**Marina**	**82**
Gdansk	Altstadt	44
Gdansk	Westerplatte	45
Gizycko	Ortsparkplatz	69
Görlitz	Wolfschanze	71
Gierloz Polska	Wolfschanze	71
Großendorf	Plaza	39
Großmöllen	**Rodzinny**	**28**
Haarschen	**Wohnmobilstellplatz**	**70**
Harsz	**Wohnmobilstellplatz**	**70**
Heiligelinde	**Busparkplatz**	**71**
Heiligelinde	Kloster	72
Heisternest	Port	40
Heisternest	Seebrücke	41
Heisternest	Strand	41
Hel	**Ortsrand**	**43**
Hel	**Wohnmobilplatz**	**42**
Hela	**Ortsrand**	**43**
Hela	**Wohnmobilplatz**	**42**

Ort	Bezeichnung	Seite
Jastarnia	Port	40
Jastarnia	Seebrücke	41
Jastarnia	Strand	41
Jurata	Ortsrand	42
Klucken	Freilichtmuseum	32
Klucki	Freilichtmuseum	32
Kolberg	**Altstadt**	**28**
Kolberg	Strand	27
Kolczewo-Swienoujscie	**Unter den Fichten**	**26**
Kolobrzeg	**Altstadt**	**28**
Kolobrzeg	Strand	27
Kolzow	**Unter den Fichten**	**26**
Krutinnen	Wasserwanderparkplatz	68
Krutyn	Wasserwanderparkplatz	68
Kußfeld	Plaza	40
Kuznica	Plaza	40
Lasse	Jamno See	29
Lazy	Jamno See	29
Leba	Slowinzische Nationalpark	32
Lötzen	Ortsparkplatz	69
Lubinie	Ortsparkplatz	24
Lubin-Wapnica	Ortsparkplatz	24
Malbork	**Marienburg**	**56**
Malbork	**Nogat**	**55**
Malbork	**Westufer**	**55**
Marienburg	**Marienburg**	**56**
Marienburg	**Nogat**	**55**
Marienburg	**Westufer**	**55**
Miedzyzdroje	Ortsrand	25
Miedzyzdroje	**Promenade**	**25**
Mielno	**Rodzinny**	**28**
Mikolajki	**Wohnmobilplatz**	**68**
Misdroy	Ortsrand	25
Misdroy	**Promenade**	**25**
Mönkebude (D)	**Strand**	**78**
Mragowo	**Niekaten**	**67**
Neubrandenburg (D)	**Augustabad**	**80**
Neubrandenburg (D)	**Wassersportzentrum**	**80**
Neuwasser	**Bukowa See**	**31**
Niederfinow (D)	**Schiffshebewerk**	**84**
Niedersee-Nieden	Hafen	69
Nikolaiken	**Wohnmobilplatz**	**68**
Paßdorf	Mauerwald	70
Priepert (D)	**Wohnmobilpark**	**81**
Przystan	Mauerwald	70

Stellplatzverzeichnis

Ort	Bezeichnung	Seite
Reuschendorf	**Seeblick**	**67**
Rewahl	Ortsrand	27
Rewal	Ortsrand	27
Rieth (D)	**Caravanplatz**	**79**
Ruciane-Nida	Hafen	69
Rügenwalde	Bahnhof	29
Rügenwalde	**Kopan See**	**31**
Rügenwaldermünde	Park Wodney	30
Rügenwaldermünde	Strand	30
Ruska Wies	**Seeblick**	**67**
Rutzau	Zamek	43
Rzucewo	Zamek	43
Seebude	**Hotel Andrys**	**59**
Sensburg	**Niekaten**	**67**
Sobieszewo	Strand	45
Sopot	**Aquapark**	**44**
Stare Jablonki	**Kleiner Schillingsee**	**58**
Stare Jablonki	Rastplatz Orlen	58
Stettin	**Grenzstation A6**	**23**
Swieta Lipka	**Busparkplatz**	**71**
Swieta Lipka	**Kloster**	**72**
Swinemünde	Strand	24
Swinoujscie	Strand	24
Szczecin	**Grenzstation A6**	**23**
Templin (D)	**Knehdener Szraße**	**82**
Templin (D)	**Natur-Therme**	**83**
Treptow	**Ortsrand**	**26**
Trezesacz	**Ortsrand**	**26**
Vietzig	Schiffsanlegestelle	23
Wapnica	Ortsparkplatz	24
Wesenberg (D)	**Marina**	**81**
Wicko	Schiffsanlegestelle	23
Wladyslawowo	Plaza	39
Zoppot	**Aquapark**	**44**

Stellplatz in Rewahl

▼ An der Danziger Bucht ▲

▼ Auf dem Niedersee ▲

Buchserie „Wohnmobil-Stellplätze"

Unentbehrliche Nachschlagewerke für alle Wohnmobiltouristen, die gern auf ruhig und schön gelegenen Stellplätzen übernachten.

**Von den Gemeinden eingerichtete Plätze.
Insidertipps und eigene Erfahrungen.
Gleichzeitig sind die Bücher Reiseberichte über europäische Ferienlandschaften.**

Band 6: Wohnmobil-Stellplätze Österreich
Ferienlandschaften

Ein Buch über 200 freie Stellplätze in Österreich, die sich im Sommer hervorragend für einen Wanderurlaub, zum Surfen und Segeln, im Winter zum Skilaufen eignen. Wochenreisen führen durch Österreichs Ferienlandschaften: Vorarlberg, Montafon, Tirol, Waldviertel, Innviertel, Mühlviertel, Wachau, Salzkammergut, Wien, Neusiedler See, Wiener Hausberge, Kitzbüheler Alpen, Hohe Tauern, Salzburg, Tennengebirge, Gasteiner Tal, Dachstein, Ennstaler Alpen, Hochschwab, Osttirol, Kreuzeckgruppe, Gailtaler Alpen, Kärntner Seen, Lavanttaler Alpen.
Euro 19,90 4. Auflage. ISBN 3-932538-23-4

Band 12: Wohnmobil-Stellplätze Griechenland
Ionische Küste - Chalkidike - Thrakien
Ägäische Küste - Mazedonien - Attika - Peloponnes

Im Ferienland Griechenland werden die schönsten freien Stellplätze und die interessantesten Touren beschrieben. Viele Stellplätze liegen unmittelbar am Meer. Feine Sandstrände, steile Felsen und verschwiegene Buchten bestimmen die Küsten des Landes. Aber Griechenland bietet noch mehr als großartige Landschaften und unberührte Strände. Liebenswerte, freundliche Menschen trifft man überall. Die vielen Sehenswürdigkeiten aus der Antike und dem Mittelalter beeindrucken die Besucher. Nirgendwo sonst lassen sich Badeurlaub und Kulturerlebnisse miteinander verbinden wie in Griechenland. Griechenland mit dem Wohnmobil - das ist ein Traumurlaub.
Euro 9,90 1. Auflage. ISBN 3-932538-13-7

Band 13: Wohnmobil-Stellplätze Italien Süd
Toskana - Latium - Kalabrien - Sizilien - Apulien - Marken

Unverbaute, schön gelegene Strände und Buchten, die großartigen kulturellen Sehenswürdigkeiten in der Mitte und im Süden Italiens und auf Sizilien, idyllische Stellplätze für den Strandurlaub an der Adria, am Thyrrenischen und Ionischen Meer und Stellplätze auf Sizilien werden ausführlich beschrieben. Auf ruhig und schön gelegenen Übernachtungsplätzen findet der Wohnmobiltourist Erholung und Entspannung. Ferienlandschaften: Toskana, Latium, Kampanien, Kalabrien, Sizilien, Basilikata, Apulien, Umbrien, Marken.
Euro 19,90 2. Auflage. ISBN 978-3-932538-32-2

Band 14: Wohnmobil-Stellplätze Italien Nord
Alpen - Lombardei - Piemonte - Adria - Riviera - Sardinien

Unverbaute, schön gelegene Strände und Buchten, die großartigen kulturellen Sehenswürdigkeiten im Norden Italiens, idyllische Stellplätze für den Strandurlaub an der Adria, an der Riviera, auf Sardinien und Stellplätze für den Winterurlaub in den Alpen werden ausführlich beschrieben. Auf ruhig und schön gelegenen Übernachtungsplätzen findet der Wohnmobiltourist Erholung und Entspannung. Ferienlandschaften: Pustertal, Grödental, Dolomiten, Eggental, Fleimstal, Lago Maggiore, Lago Varese, Lago d'Iseo, Gardasee, Golf von Venedig, Aostatal, Po-Ebene, Po-Delta, Riviera, Adriatische Küste, die Küsten Sardiniens.
Euro 19,90 4. Auflage. ISBN 978-3-932538-31-5

Band 15: Wohnmobil-Stellplätze Deutschland Nord
Schleswig-Holstein - Hamburg - Niedersachsen - Bremen

Ferienlandschaften: Nordseeküste - Dithmarschen - Nordfriesland - Angeln - Mittelholstein - Ostseeküste - Lauenburg - Hamburg - Ostfriesland - Friesland - Altes Land - Fehnroute - Ammerland - Unterweser - Lüneburger Heide - Oldenburger Münsterland - Mittelweser - Südheide - Emsland - Teutoburger Wald - Weserbergland - Elm - Westharz. In den Feriengebieten werden Wohnmobilplätze im Norden Deutschlands beschrieben. Kostenfreie Plätze, Plätze in den Städten und am Strand werden besonders hervorgehoben. Gleichzeitig ist das Buch ein Reisebericht über norddeutsche Ferienlandschaften.
Euro 17,90 5. Auflage. ISBN 978-3-932538-29-2

Band 16: Wohnmobil-Stellplätze Deutschland West
Nordrhein-Westfalen - Rheinland-Pfalz - Hessen - Saarland

Ferienlandschaften: Münsterland - Niederrhein - Ruhrgebiet - Nordeifel - Bergisches Land - Sauerland - Vulkaneifel - Ahr - Mosel - Mittelrhein - Westerwald - Lahn-Dill-Bergland - Nahe - Werra - Kurhessen - Waldhessen - Taunus - Vogelsberg - Kinzig - Rhön - Deutsche Weinstraße - Pfälzer Wald - Odenwald - Saarland. In den Feriengebieten werden Wohnmobilplätze im Westen Deutschlands beschrieben. Kostenfreie Plätze, Plätze in den Städten und am See werden besonders hervorgehoben. Gleichzeitig ist das Buch ein Reisebericht über westdeutsche Ferienlandschaften.
Euro 17,90 5. Auflage. ISBN 978-3-932538-27-8

Band 17: Wohnmobil-Stellplätze Deutschland Ost
Mecklenburg-Vorpommern - Sachsen-Anhalt
Brandenburg - Berlin - Thüringen - Sachsen

Ferienlandschaften: Mecklenburgische Küste - Rügen - Usedom - Oderhaff - Mecklenburger Seen - Altmark - Ostharz - Kyffhäuser - Schorfheide - Havelseen - Berlin - Grünau-Grünheider Seen - Oderbruch - Thüringer Senke - Fläming - Dübener Heide - Sächsische Saale - Thüringer Wald - Spreewald - Oberlausitz - Niederlausitz - Sächsische Schweiz - Erzgebirge - Zittau-Gebirge. In den Feriengebieten werden Wohnmobilplätze im Osten Deutschlands beschrieben. Kostenfreie Plätze, Plätze in den Städten und am Strand werden besonders hervorgehoben. Gleichzeitig ist das Buch ein Reisebericht über ostdeutsche Ferienlandschaften.
Euro 17,90 5. Auflage. ISBN 978-3-932538-28-5

Band 18: Wohnmobil-Stellplätze Deutschland Süd
Baden-Württemberg - Bayern

Ferienlandschaften: Steigerwald - Tauber - Fränkisches Seenland - Frankenwald - Fränkische Schweiz - Vogtland - Fichtelgebirge - Oberpfälzer Wald - Neckar - Altmühl - Nordschwarzwald - Ortenau - Schwäbische Alb - Bayerischer Wald - Oberrhein - Hochschwarzwald - Hotzenwald - Hochrhein - Hegau - Bodensee - Schwaben - Bayerische Seen - Allgäu - Chiemgau - Bayerische Alpen - Berchtesgaden.

In den Feriengebieten werden Wohnmobilplätze im Süden Deutschlands beschrieben. Kostenfreie Plätze, Plätze in den Städten und am Strand werden besonders hervorgehoben. Gleichzeitig ist das Buch ein Reisebericht über süddeutsche Ferienlandschaften.

Euro 17,90 5. Auflage. ISBN 978-3-932538-26-1

Band 19: Wohnmobil-Stellplätze Spanien
Mittelmeerküste

Ferienlandschaften: Costa Brava - Costa Daurada - Costa del Azahar - Costa de Valencia - Costa Blanca - Costa Càlida - Cost de Almeria - Costa del Sol - Costa de la Luz.

Schön gelegene Strände und Buchten, die kulturellen Sehenswürdigkeiten in den Städten an der spanischen Küste, idyllische Stellplätze für den Strandurlaub am Mittelmeer. Auf ruhig und schön gelegenen Übernachtungsplätzen findet der Wohnmobilurlauber Erholung und Entspannung. Farbfotos von den Plätzen erleichtern die Auswahl.

Euro 19,90 1. Auflage. ISBN 3-932538-21-8

Band 20: Wohnmobil-Stellplätze Benelux
Belgien - Niederlande - Luxemburg

Die Stellplätze eignen sich hervorragend für einen Wanderurlaub in den Ardennen, für Radtouren im flachen Land, für die Besichtigung sehenswerter Städte, für erholsame Badeferien an der Nordseeküste und für Bootstouren und Wassersport auf den zahlreichen Flüssen, Kanälen und Seen.
Alle Plätze wurden selbst aufgesucht und beurteilt. Genaue Beschreibungen der Anfahrt, Straßennamen und Koordinaten erleichtern die Anfahrt. Farbige Fotos geben einen guten Eindruck von den Stellplätzen. Viele Insider-Tipps.

Euro 19,90 1. Auflage. ISBN 978-3-932538-22-3

Band 21: Wohnmobil-Stellplätze Frankreich Nord
Somme - Seine - Normandie - Bretagne - Loire - Champagne

Es werden Touren mit dem Wohnmobil im Norden Frankreichs beschrieben. Stellplätze in Städten und Gemeinden, in der Natur, am Meer und am See eignen sich für einen erholsamen Urlaub und für die Besichtigung interessanter Sehenswürdigkeiten. Viele Plätze stehen zum Nulltarif zur Verfügung. Farbige Fotos geben einen guten Eindruck von den Stellplätzen. Anfahrtbeschreibung, Straßennamen und Koordinaten erleichtern die Anfahrt.

Euro 19,90 1. Auflage. ISBN 978-3-932538-24-7

Band 22: Wohnmobil-Stellplätze Frankreich Süd
Atlantik - Mittelmeer - Rhone - Doubs - Elsass

Es werden Touren mit dem Wohnmobil im Süden Frankreichs beschrieben. Stellplätze in Städten und Gemeinden, in der Natur, am Meer und am See eignen sich für einen erholsamen Urlaub und für die Besichtigung interessanter Sehenswürdigkeiten. Viele Plätze stehen zum Nulltarif zur Verfügung. Farbige Fotos geben einen guten Eindruck von den Stellplätzen. Anfahrtbeschreibung, Straßennamen und Koordinaten erleichtern die Anfahrt.

Euro 19,90 1. Auflage. ISBN 978-3-932538-25-4

Band 23: Wohnmobil-Stellplätze Dänemark
Jütland - Fünen - Langeland - Seeland - Mon - Falster - Lolland

Es werden Touren mit dem Wohnmobil beschrieben. Unverbaute, schön gelegene Strände und Buchten, die großartigen kulturellen Sehenswürdigkeiten in Dänemark, idyllische Stellplätze für den Strandurlaub auf den dänischen Inseln und in Jütland, Stellplätze für Angler an Fischteichen, Plätze für Mobile und Caravan werden ausführlich beschrieben. Auf ruhig und schön gelegenen Übernachtungsplätzen findet der Wohnmobiltourist Erholung und Entspannung. Farbige Stellplatzfotos geben einen guten Eindruck von den Stellplätzen. Koordinaten und Straßennamen erleichtern die Anfahrt.

Euro 19,90 1. Auflage. ISBN 978-3-932538-30-8

Band 24: Wohnmobil-Stellplatzführer Polen Nord
Hinterpommern - Danzig - Westpreußen - Ostpreußen

Es werden Touren in den früher deutsch besiedelten Teilen Nordpolens vorgeschlagen. Unverbaute, schön gelegene Strände, die großartigen kulturellen Sehenswürdigkeiten in Danzig und in West- und Ostpreußen werden ausführlich beschrieben. Auf ruhig und schön gelegenen Park- und Stellplätzen findet der Wohnmobiltourist Erholung und Entspannung für einen unbeschwerten Urlaub. Farbige Stellplatzfotos geben einen guten Eindruck von den Stellplätzen. Koordinaten und Straßennamen erleichtern die Anfahrt.

Euro 14,90 1. Auflage. ISBN 978-3-941951-04-4

Bestellung

___ Band 6: Wohnmobil-Stellplätze Österreich, Ferienlandschaften Euro 19,90

___ Band 12: Wohnmobil-Stellplätze Griechenland - Ferienlandschaften Euro 9,90

___ Band 13: Wohnmobil-Stellplätze Italien Süd mit Sizilien Euro 19,90

___ Band 14: Wohnmobil-Stellplätze Italien Nord mit Sardinien Euro 19,90

___ Band 15: Wohnmobil-Stellplätze Deutschland Nord Euro 17,90

___ Band 16: Wohnmobil-Stellplätze Deutschland West Euro 17,90

___ Band 17: Wohnmobil-Stellplätze Deutschland Ost Euro 17,90

___ Band 18: Wohnmobil-Stellplätze Deutschland Süd Euro 17,90

___ Band 19: Wohnmobil-Stellplätze Spanien Mittelmeerküste Euro 19,90

___ Band 20: Wohnmobil-Stellplätze Benelux Euro 19,90

___ Band 21: Wohnmobil-Stellplätze Frankreich Nord Euro 19,90

___ Band 22: Wohnmobil-Stellplätze Frankreich Süd Euro 19,90

___ Band 23: Wohnmobil-Stellplätze Dänemark Euro 19,90

___ Band 24: Wohnmobil-Stellplatzführer Polen Nord Euro 14,90

Verpackungs- und Versandkostenanteil im Inland 3.90 Euro, im europäischen Ausland 6,90 Euro pro Bestellung. Bei Bestellungen aus dem Inland ab 50 Euro versandkostenfrei. Alle Preise gelten zum Zeitpunkt der Drucklegung.

Absender

____

____

____

Datum **Unterschrift**

Einzugsermächtigung (nur im Inland) oder Scheck in Höhe von Euro .... ist beigefügt.

Alle Bücher erhalten Sie über den Buchhandel und über den Internet-Buchhandel, von den Versandhäusern für Camping-Artikel oder gegen Einzugsermächtigung oder Rechnung vom RID+Verlag, Mühlköppelstraße 18, 63674 Altenstadt. Telefon (06047) 1696, Fax (06047) 1697, e-mail: ridverlag@aol.com, internet: www.ridverlag.de

Auf vielen Reisen erfreuen wir uns an schönen Landschaften, sehenswerten Städten und historischen Stätten und sind glücklich, wenn wir die passenden Stellplätze dazu finden. Sie, liebe Leserin, lieber Leser, haben durch unsere genaue Beschreibung keinen Stress bei der Suche nach einem geeigneten Stellplatz. Sie parken und übernachten ruhig und entspannt auf den von uns angebotenen Wohnmobil-Stellplätzen und genießen Ihre Urlaubstage.

Wir mit unserem rollenden Ferienhaus haben das große Glück, an den schönsten Orten Europas zu Hause zu sein. Wo immer unsere Reise hingeht, wir verbringen unsere Tage im eigenen Haus, mal am Meer, mal in den Bergen, mal in einer Stadt, ganz nach Lust und Laune. Wir sind zu beneiden. Ein Traum ist wahr geworden. Wohnmobil-Urlaub, das ist die schönste Sache der Welt

Heute hier und morgen dort,
immer unterwegs und doch zuhause.

Im Norden Polens mit dem Wohnmobil reisen,
in Hinterpommern, im Gebiet von Danzig,
in Westpreußen und in Ostpreußen
ist eine schöne Zeit mit vielen Erlebnissen.

Trotz aller gründlichen Recherchen können sich die Verhältnisse an den Stellplätzen geändert haben. Wir bitten Sie, uns solche Veränderungen mitzuteilen, damit diese bei der nächsten Auflage berücksichtigt werden können. Bei aller Sorgfalt kann für die Vollständigkeit und Richtigkeit aller Angaben keine Gewähr übernommen werden. Alle Angaben im Buch gelten zum Zeitpunkt der Drucklegung.

Wir wünschen unseren Lesern erholsame Urlaubstage und ungestörte Nächte auf den angebotenen Stellplätzen im Norden Polens.

▼ In den Masuren ▲

Der EURO MOTORHOME CLUB e.V. (EMHC)

– Freizeitclub für niveauvolles Reisen – Vereinigung der Haltergruppe SoKfz Wohnmobil in Europa –

bietet Ihnen die Mitgliedschaft an

Foto: CIVD

Hiermit beantrage/n ich/wir die Mitgliedschaft beim EMHC – Euro Motorhome Club e.V.

☐ Herr ☐ Frau ☐ Firma

Firmenname

Vorname/Nachname

Straße/Hausnummer

Land PLZ Ort

Telefonnummer tagsüber Faxnummer Mobil

E-Mail-Adresse Internet

Beruf Geburtsdatum

☐ Partner (B-Mitglied, beitragsfrei) Vorname/Nachname Geburtsdatum

☐ Weitere Person (C-Mitglied, bis 18 Jahre beitragsfrei) Vorname/Nachname Geburtsdatum

☐ Weitere Person Vorname/Nachname Geburtsdatum

Privatpersonen

☐ Aktiv-Mitgliedschaft 130,– € ☐ Förder-Mitgliedschaft 30,– €

Nur für Aktivmitgliedschaft:

Ich beantrage die Camping Card International (CCI) ☐ Ja / ☐ Nein

Für die Ausstellung der CCI erforderl. Angaben d. Antragstellers – Angaben nach Personalausweis:

Geburtsort:

Personalausweis-Nummer:

Ausstellungsort:

Die Ausgabe der CCI erfolgt für Mitglieder kostenlos. Die Folgekarte wird mit gesondertem Antrag für weitere 3 Jahre ausgestellt. Bei Erneuerung des Ausweises und bei Neuausstellung der CCI Karte bitte unbedingt die Ausweis-Daten mitteilen! Datenschutz: Die im Antrag enthaltenen Daten werden gespeichert und den Clubmitgliedern im Bordbuch teilweise (Name, Anschrift, Telefon-/Faxnummer, Mobil-Nr.) bekannt gegeben.

Gewerbliche Mitglieder und Personen des öffentlichen Rechts:

☐ Gewerbe (Firmen und Tourismusverbände) 120,– €

☐ Gemeinden (Kommunen, Städte) 60,– €

Eintrag des gewerblichen Mitgliedes in folgende Rubrik:

☐ Fahrzeug-Hersteller – Importeure

☐ Fahrzeughandel/Service/Vermietung/Zulieferer

☐ Camping- und Stellplätze

☐ Dienstleistungen: Fahrschulen/Gutachter/Veranstalter/Verleger/Versicherungen

☐ Wohnmobilfreundliche Gemeinden

Für die Beantragung der Mitgliedschaft und Einzugsermächtigung

Hiermit wird der EMHC widerruflich zum Einzug der jährlichen Beiträge ermächtigt.

Bankleitzahl Kontonummer Name und Ort des Geldinstituts

Kontoinhaber, falls abweichend vom Antragsteller IBAN BIC

Datum Unterschrift

► Antrag ausfüllen und einsenden an: EURO MOTORHOME CLUB e.V.

Geschäftsstelle des EMHC, Schlosshof 2–6, D-85283 Wolnzach oder per Fax: 0 84 42 / 22 89

MAŁGORZATA
ELBLĄG